NARCISISMO

Come liberarsi dalla prigione narcisista.

I metodi per riconoscere, smascherare e liberarsi
dalle relazioni tossiche e dalla manipolazione emotiva

Capitolo I

Psicologia di un narcisista

Fabrizio Caramagna, famoso aforista italiano, scrive: "il narcisismo è un fiore carnivoro affamato solo di sé stesso". Una brillante definizione capace di descrivere con un numero minimo di parole l'effettiva condizione di queste personalità, chiuse in quel loro mondo che perennemente esclude ogni tipo di relazione affettiva con gli altri.

Chiariamo però, che il termine "**Narcisismo**", utilizzato nel linguaggio comune, viene spesso inteso poco correttamente, vestendosi di significati unicamente e drasticamente negativi, senza considerare come, nella realtà, si stia effettivamente parlando di una patologia piuttosto complessa, che viene divisa in varianti con caratteri e comportamenti molto diversi tra loro. Viene difficilmente preso in considerazione quanto si stia effettivamente parlando di una patologia, perché la persona affetta da disturbo narcisistico è percepita soprattutto come la *causa di situazioni sempre difficili*, a maggior ragione da chi è a lei legata da un legame affettivo. Chi si lega al Narcisista, in un rapporto sentimentale quasi del tutto a senso unico, ne diventa per la quasi totalità dei casi la **Vittima** (la chiameremo in questo modo, in maiuscolo, in questo libro) e, in questa posizione difficile, affronterà in prima persona le conseguenze, spesso dure e a volte anche terribili, della relazione. Le storie a loro riguardo sono vicende di persone angariate, che evidenziano nei loro racconti il **Narcisista** (che nel libro, per semplicità, è presentato più spesso come **N.**) come una figura *delinquenziale*, dalle cui azioni non sembra esserci difesa.

Una certa forma di tutela è invece possibile, cominciando a cercare di riconoscere i segnali e le forme più palesi di questa patologia. Per la Vittima, distinguere e identificare le forme più diffuse di narcisismo non è poi così difficile, se si pone attenzione su alcuni segnali che possono essere letti anche da chi non ha alle spalle studi specifici sull'argomento, ma che può contare su una buona attenzione. Di questi segnali ne faremo un elenco, e daremo delle spiegazioni, le più chiare possibili, anticipando però che le modalità con cui si esprime la patologia, sia che vengano trovate nelle personalità narcisiste maschili -quelle molto più frequenti- che in quelle femminili, risultano simili, se non praticamente uguali. Le statistiche, poi, negli ultimi decenni, oltre all'innalzamento totale dei casi, vedono alzarsi i numeri delle percentuali relative alle donne.

La società odierna di stampo occidentale è molto cambiata, tanto che alcuni filosofi, sociologi e psicologi, parlano senza mezzi termini di **società narcisista**. Il narcisismo sembra addirittura trascendere i limiti delle patologie personali, per entrare nei modi di vita, nelle meccaniche di comunicazione dei social, fa capolino tra gli esempi che vengono assimilati dai giovani, fino a farsi esso stesso modello comportamentale presente in ogni strato sociale. Accade così di vedere una quantità enorme di persone che poco o niente hanno da trasmettere -né arte, né cultura, né abilità di ogni genere- mostrarsi solo per il gusto di esibirsi, eccedendo nei comportamenti e nel cattivo gusto, solo per il piacere di apparire ad una platea più vasta possibile, con l'obiettivo di catturare un seguito e guadagnare l'approvazione degli altri.

Tutto questo per puro narcisismo.

Altro fattore che molti autori riscontrano come una delle possibili cause dell'allargamento del fenomeno, viene riconosciuto nella graduale riduzione, da più di trent'anni a questa parte, del ruolo della famiglia come limite per i comportamenti del bambino e dell'adolescente. Riduzione ancora maggiore del ruolo tradizionale, lo si riscontra poi nei cambiamenti della figura paterna, spesso travisata dai figli come amicale, oppure assente, nei periodi (infanzia e prima adolescenza) dove presenza genitoriale maschile sarebbe invece estremamente importante. Altre considerazioni si possono fare riguardo al ruolo della scuola, soprattutto quella che svolge la sua opera dalla prima adolescenza in avanti. Sociologi e psicologi parlano di una crisi nella capacità di formazione delle ultime generazioni di studenti. Sembra che il massimo dello sforzo sia quello di formare chi dovrà confrontarsi con un mondo del lavoro in evoluzione, spesso comunque scollegato da quello educativo, perché il sistema scolastico sembra essere in ritardo sui tempi, negli indirizzi e nell'adeguamento tecnologico. Questa situazione causa un deciso impoverimento dal punto di vista culturale, formativo e anche psicologico, quest'ultimo sempre assai poco preso in considerazione dal sistema scolastico nazionale.

Individui poco formati si affacciano, dunque, al mondo degli adulti, con scarsi strumenti culturali (notare i recenti dati sull'analfabetismo di ritorno) che permettono loro solo un'interpretazione del mondo limitata, tale da renderli facili prede invece di una neo-cultura, sì molto moderna, ma il più delle volte approssimativa e massimalista, legata alla fruizione veloce di beni, di immagini, di stereotipi di basso valore.

Così, non dobbiamo meravigliarci del fatto che, anche a livello patologico, i casi tendano poi a crescere, cambiando addirittura le caratteristiche che un tempo li contraddistinguevano, tanto che il disturbo narcisistico non sembra più legato, come risultava prima, per la quasi totalità dei casi al genere maschile. Riguardo poi le nuove generazioni cresciute in questi ultimi decenni, basti ricordare che, nel 2008, una ricerca ha evidenziato la crescita del fenomeno narcisistico a livello patologico nella fascia dei giovani tra i venti e i ventinove anni, rilevando un conteggio con un numero triplo di diagnosi rispetto agli individui di sessantacinque anni.

Torniamo ora a inquadrare meglio e più da vicino la figura del Narcisista traendola dall'immaginario collettivo, e che abbiamo visto già coincidere con una tipologia di individuo vista dai più come estremamente negativa, perché figura tesa a trasformare tutte le sue relazioni affettive in relazioni tossiche a tutto svantaggio della partner, tanto da renderla, nella stragrande maggioranza dei casi, la sua **Vittima**.

Ma, per i professionisti della psichiatria e della psicologia, il Narcisista rientra a tutti gli effetti nel novero dei *pazienti*, essendo lui stesso colpito da un disturbo psicologico, detto appunto **"Disturbo Narcisistico della Personalità"**, tanto che per un psicopatologo (chi cura cioè le patologie psicologiche) esiste una certa resistenza, soprattutto dal punto di vista etico, a definire semplicemente come "narcisista" una persona affetta da quella che è, a tutti gli effetti, una forma di disagio e anche di sofferenza.

Per queste doverose considerazioni, è bene precisare che, in questo libro, continueremo ad usare il termine "**Narcisista**" (o più spesso ancora l'abbreviazione "**N.**") come definizione, solo e unicamente per un'esigenza di semplificazione.

Vale quindi la vecchia definizione di **Schneider**, che si riferisce a queste persone come "**persone che soffrono e che fanno soffrire**". Chiaramente però, possiamo spiegarci molto bene il perché il *senso comune* abbia sempre evidenziato il lato negativo di queste personalità, essendo senz'altro vero che fanno soffrire le altre persone, così tanto da essere dipinti come *carnefici* (solitamente della partner, ma anche di amici, familiari e colleghi) e che si definisca, chi vive più a stretto contatto con loro, come "**Vittima**". Scopriremo poi, più avanti, come il rapporto tra queste due figure, sia in realtà molto complicato.

Andiamo quindi per ordine.

Freud, il padre della psicanalisi, distingue tra due narcisismi molto diversi: quello che chiama *Narcisismo Primario* e che non è da considerarsi una patologia, in quanto solo una *normale fase di sviluppo del neonato*. Si riferisce al periodo della prima infanzia dove il bambino è concentrato unicamente su di sé. Egli percepisce il mondo solo in relazione a sé stesso, desiderando unicamente la soddisfazione dei propri bisogni fisici. In questo caso, è bene considerare che il bambino è del tutto incapace di distinguere tra sé e gli altri e, quindi, non c'è un vero eccesso d'amore di sé. Questo, invece, si trova presente in quello che il padre della psicanalisi chiama *Narcisismo Secondario*, una *condizione patologica degli adulti*

accompagnata dalla mancanza di investimento emotivo negli altri.
Freud evidenzia, poi, come un egoismo molto marcato possa portare sì a proteggersi dalla sofferenza, ma può causare la malattia.

Freud dice poi una cosa molto interessante, su questo argomento, quando asserisce che tutte le nevrosi possono essere curate, eccetto quella del narcisista, perché, come paziente, non riesce a trasferire nulla del suo vissuto, vanificando così gli sforzi dello psicanalista.

Jung ha invece introdotto nella letteratura scientifica il concetto di *Complesso del Narcisismo*, descrivendo come l'individuo che ne è affetto risulti talmente preoccupato del proprio io, tanto da disinteressarsi delle proprie relazioni con gli altri. Secondo Jung, questo complesso ostacola la crescita della personalità e il raggiungimento di un equilibrio -tra il sé conscio e l'inconscio collettivo- puntando invece verso un'identificazione con l'io cosciente a scapito di parti importanti dell'inconscio: risulta quindi la crescita dell'Io a scapito dell'Inconscio Collettivo.

Già in queste premesse di Freud, agli albori della psicanalisi, si può capire come gli studiosi considerassero il narcisismo come presente in ognuno di noi, nell'infanzia. Ma anche nell'età adulta, non dobbiamo meravigliarci che si riscontrino forme *"normali"* e addirittura *benefiche*, che aiutano la persona a regolare efficacemente l'autostima, portandola a migliorarsi, a imparare, a confrontarsi con gli altri. Senza questo narcisismo "sano" non ci sarebbe nessuna occasione di sviluppo e di crescita personale; l'individuo non avrebbe il coraggio di mettersi in gioco e vivere in mezzo agli altri.

Il narcisismo patologico è tutt'altro, perché rappresenta un **disturbo della autoregolamentazione dell'autostima**, un disturbo difficile (si vedrà poi il perché) da individuare correttamente e soprattutto da curare.

Contemplare poi in un'unica definizione capace di poter comprendere le tante varianti di questa complessa patologia è praticamente impossibile, viste le tante differenze che si riscontrano nei comportamenti, sia riguardo alle forme, che per la gravità o meno dei vari casi. In più, risulta difficile, il più delle volte, catalogare in una singola tipologia una data personalità, perché spesso si possono riscontrare comportamenti associabili ad altre varianti ancora del disturbo narcisistico. Così, molti autori parlano di *spettro narcisistico*, una definizione che aiuta a meglio comprendere la varietà (e la possibile coesistenza) di più tipi associabili alla patologia narcisista e delle eventualità che un paziente non possa essere identificato in modo chiaro in una di queste specificità, sia per i comportamenti, che per l'alternanza di elementi di chiara gravità patologica, con altri che invece rientrano in uno standard di normalità. In poche parole: è sempre meglio essere cauti nel caso volessimo inquadrare un **N.** in una (sola e) semplice categoria.

In più, tanto per complicare le cose, il **Disturbo Narcisistico della Personalità (DNP)** può essere confuso con altre due patologie oggi piuttosto diffuse: il *Disturbo Borderline della Personalità (BDP)* e il *Disturbo Bipolare (DB o BD)*. Questi ultimi due disturbi della personalità presentano, in effetti, in alcune fasi, delle affinità con il disturbo narcisistico. Meglio quindi -prima di giungere a conclusioni del tutto errate, nel caso una persona entri in una relazione problematica- chiedere sempre l'aiuto di un professionista, anche per un semplice supporto volto a comprendente a quali conseguenze si rischia di andare incontro.

Detto questo, cominciamo ad esporre dati e casistiche, magari facendo riferimento a quegli schemi che più si riscontrano di frequente, tenendo però presente ciò che si è già detto, ovvero che alcune di queste personalità possono rientrare in comportamenti riscontrabili non in una sola, ma in diverse categorie di personalità. Ma, prima, è bene iniziare a conoscere le diverse modalità che possiamo considerare *standard* in cui si mostra il Disturbo Narcisistico della Personalità, per poi, eventualmente, fare considerazioni più elaborate, ma solo una volta conosciuto il quadro generale. In questo modo potremo capire meglio questo spinoso argomento.

Cosa determina il disturbo narcisista? È indicativo precisare che questa patologia sembra essere diffusa esclusivamente nei paesi occidentali, con percentuali che vanno dal due al quattro per cento dell'intera popolazione. La quasi totalità dei casi di narcisismo patologico, fino a pochi anni fa, spettava agli uomini, quando invece, di recente, viene registrata una presenza in crescita della patologia anche in ambito femminile.
Le cause di disturbo narcisista sono molto discusse: alcuni autori propendono per quella ambientale, anche se, recentemente, la teoria più accreditata sembra essere quella **bio-psico-sociale**, che contempla cause e concause organiche, psicologiche, come anche quelle ambientali e sociali.

Anche per questa teoria, comunque, la *componente ambientale - soprattutto quella legata alla famiglia-* viene presa molto in considerazione. Si parla di cause scatenanti, che verrebbero dal lontano passato personale, da ricercare nei primi anni dell'infanzia, o, al più tardi, nell'adolescenza. Il Narcisismo, per diversi autori, si sviluppa soprattutto da quella che viene chiamata **Ferita Narcisistica**, episodio (o più episodi nel caso riguardassero un processo formatosi in tempi lunghi) scatenante, che viene provocato da una mancata presenza di empatia e affetto, da parte dei genitori o degli adulti di riferimento per il bambino, magari sotto forma di uno o più episodi traumatici. Oppure, in altre casistiche, si evidenzia, come possibile causa, quella della crescita del bambino in un ambiente già narcisistico, o, ancora, che esista l'eventualità che possa essere cresciuto in una famiglia dove tutto era vissuto in modo estremamente competitivo ed esigente, con la presenza costante di giudizi molto severi su tutti i comportamenti del soggetto.

Qualunque sia la causa scatenante di questa ferita, l'organizzazione della personalità narcisista che nascerà in seguito a questi traumi si formerà per uno **scopo difensivo, per la protezione del suo ego ferito** ed umiliato dagli episodi dolorosi del passato. Tutti i suoi comportamenti negativi e manipolatori nei confronti della partner saranno perciò conseguenti a un rapporto di dominanza, che il N. tenterà di mantenere con la Vittima: egli si costruirà *un rapporto sempre sbilanciato a suo favore e che vivrà fino a quando la vittima gli garantirà i suoi bisogni prioritari, come il controllo e, soprattutto, l'accrescimento della sua autostima.*

Studiosi come l'austriaco Heinz Kohut e la svizzera Alice Miller hanno trattato, ponendo grande attenzione, i temi delle dinamiche narcisistiche e delle ferite emotive dell'infanzia. E anche per questi studiosi, si può dire che l'infanzia risulti essere come il periodo dove la mancanza di affetto è determinante, tanto da innescare, anni più tardi, il meccanismo narcisista: **è questa mancanza, che provoca un dolore tanto grande** che, per evitarlo, il soggetto è spinto a **elaborare una grandiosa visione di sé**, che in età adulta diventerà il tratto più evidente della sua personalità.

Alla formazione del **N.** concorre quindi in modo importante un grande dolore. Per propria difesa, dovrà attutire questa Ferita Narcisistica, prima mediante **un'altissima percezione di sé** e, poi, con il **disinteresse generale verso gli altri**. Quando, da adulto, indirizzerà il suo interesse verso una persona, questo sarà unicamente funzionale ai suoi scopi, mai disinteressato.

Nel narcisista **manca l'empatia affettiva** (o, nel caso ci sia, è veramente limitata), ma è **ben presente l'empatia cognitiva**.

Vuol dire che il narcisista è molto capace nel fingere, nel sembrare amichevole, nell'essere pieno di attenzioni e, soprattutto, si dimostra in grado di cogliere i bisogni di chi gli sta di fronte. Ma, *questa, è unicamente una strategia aggirante volta ad ottenere sia informazioni che il favore degli altri, per guadagnare la loro ammirazione*. In questi casi, quella che presto diventerà la **Vittima** del narcisista crederà di aver trovato una persona speciale, con incredibili comunanze e affinità, capace di capirla e volerle bene: il Principe Azzurro delle fiabe.

Il Ciclo Narcisistico:

Inizia così una relazione sentimentale, che mira a coinvolgere la vittima e, per un brevissimo lasso di tempo, sembra coinvolgere anche il N. stesso. Egli, infatti, vive un primo momento di grande entusiasmo e trasporto, trasmettendo così alla Vittima l'errata sensazione che egli sia estremamente innamorato di lei. In quasi tutti i casi, nel primo periodo della relazione, il Narcisista si mostra così tanto appassionato che si parla, nella letteratura concernente l'argomento, addirittura di **Love Bombing**: un vero e proprio "bombardamento d'amore", un'esagerata e quasi teatrale dimostrazione d'amore, in parte interpretata (ma in parte anche vissuta come fascinazione) per impressionare la partner.

Specifichiamo, però: per il N. inizia un periodo di **vera infatuazione**, che, se anche *non è amore vero* (essendo lui affettivamente molto carente), è caratterizzato da un forte trasporto dei sensi, senza alcun abbandono sentimentale. Ma, egli si sente comunque sinceramente molto attratto da chi poi diventerà sua Vittima. Per spiegare meglio le dinamiche narcisistiche, possiamo schematizzare, riassumendo le fasi della relazione in questo modo:

Durante il Love bombing, il N. dichiara alla partner il suo amore e, in un certo senso, si potrebbe sostenere che è vero. Naturalmente, non è lei che ama, **egli ama l'immagine che si è costruito di lei**. Egli la idealizza e crede di aver trovato il suo essere speculare -ricordate il mito greco di Narciso-, rispondente in tutto e per tutto alle sue aspettative. Finito poi il periodo dell'**infatuazione** -di quando, cioè, tutto sembra brillare in un mondo perfetto- egli si dimentica velocemente dell'idealizzazione che ha avuto nei confronti del partner. Da questo momento, il Narcisista seguirà così il suo abituale **ciclo** comportamentale, che prevede il cosiddetto **Breadcrumbing**, poi una sistematica **Denigrazione e Svalutazione** della partner da cui si sentiva così attratto, fino al rifiuto che porterà all'**Abbandono** (detto, in letteratura, anche "**scarto**").

La fine del periodo dell'infatuazione è dovuta semplicemente alla disillusione del N., che non vede corrispondere più la partner alla figura ideale che si era costruito.

Questo perché, con il passare del tempo -con la routine e l'abitudine- la partner mostra le contingenze della vita, come gli imprevisti, le difficoltà, la routine o anche (nelle relazioni più lunghe) il semplice invecchiare. Finite le emozioni e le sensazioni forti del Love Bombing, basta che una sola componente del suo costrutto mentale cominci a rovinarsi, anche un solo particolare, che subito tutto cambia e il N. passa dall'adulazione ad un atteggiamento negativo nei confronti della vittima. Con la fine della idealizzazione da parte del N., il partner, già in questa **seconda fase**, quella della **Svalutazione**, diventa a tutti gli effetti la sua Vittima. Svalutazione e **Denigrazione** si alternano, nel mentre la vittima si dispera nel rimpianto dei tempi felici del Love Bombing. Tutte quelle caratteristiche della partner che un tempo erano viste come pregi sono ora dipinti dal N. come difetti e lei, un tempo figura idealizzata, viene apostrofata come inadeguata. Dalla fase cosiddetta della Svalutazione in avanti, alla vittima vengono praticate due forme di manipolazione tipiche del N. Patologico.

La prima è il cosiddetto **Gaslight**, una forma che punta a confondere e indebolire psicologicamente la vittima; infatti, *distorcendo fatti e parole*, svolge la precisa funzione di mettere la Vittima in crisi, facendola dubitare delle proprie capacità mentali.

Altrettanto devastante per la Vittima, è il comportamento manipolatorio conosciuto come **Breadcrumbing**: questa forma viene usata dal N. all'improvviso e la sua condotta risulta incomprensibile alla partner: il N., infatti, alterna *periodi di silenzio e di sparizioni ingiustificate*, lasciando nella più completa confusione la vittima. All'improvviso si fa di nuovo vivo e, come niente fosse successo, si mostra nuovamente innamorato e pieno di attenzioni. Alternando questi comportamenti, il N. disorienta la vittima, la riempie di ansia e la porta costantemente *a ricercare la sua sporadica attenzione*. I *silenzi* del N. sono per lei punitivi e dannosi, e la portano a colpevolizzarsi per ogni suo comportamento. Questo alternarsi di silenzi e sparizioni, di apparizioni centellinate come fossero premi (momenti in cui il N. sembra essere tornato ai tempi per lei felici del Love Bombing) portano la Vittima verso la più grande confusione emotiva. In tutto questo, lei cerca disperatamente di mantenere in vita la relazione e, nel mentre, sente affossarsi la sua autostima.

Questo è il momento in cui il N. riesce a creare, nella vittima, una vera e propria dipendenza affettiva e psicologica nei suoi confronti.

La partner, durante la seconda fase, si trova ad affrontare dunque una serie di comportamenti molto diversi, per lo più negativi e crudeli nei suoi confronti, per cui si attacca disperatamente a quegli sporadici momenti belli che le ricordano il Love Bombing, risultando sempre più indebolita e dipendente a livello affettivo.

La terza fase del ciclo è quella **dello Scarto o dell'Abbandono**, in cui la vittima viene lasciata, solitamente perché, per il N., non ha più attrattive, non potendo più funzionare come ricarica di emozioni e soprattutto di autostima. Altra ragione dello scarto è quella della sostituzione con una nuova e più seducente preda, con cui il N. potrà ripetere il ciclo e prendere energie nuove a vantaggio della sua autostima. Ma, attenzione: l'abbandono non è detto che sia definitivo, perché proprio nel momento in cui la vittima ha finalmente smesso di cercare colui che l'ha prima conquistata (e poi denigrata e abbandonata) egli potrebbe rifarsi vivo. Proprio il distacco da lei operato, il suo silenzio, potrebbe risvegliare il suo interesse, nonostante prima la evitasse e non si facesse trovare in nessun modo. Perché il N. vorrebbe conservare l'adorazione di tutte le sue prede, anche di quelle da lui abbandonate.

Dalle tante descrizioni e dai vari comportamenti appartenenti a ciò che si può definire "personalità narcisista in generale", si comprende quanto tutte le tipologie riconducibili a questa siano fortemente egoriferite e, come tali, lavorino costantemente a costruite un'altissima stima per il loro io. Per tutte queste personalità (che vedremo più avanti nello specifico), la costruzione di una alta autostima sembra essere il vero obiettivo comune, per nascondere quella *ferita narcisistica* che, nel loro passato, ha scatenato il loro malessere patologico.

Passiamo in rassegna però le **principali caratteristiche distintive** del Narcisista Patologico, **restando però ancora nell'ambito generale**.

In genere, il N. **non conosce empatia affettiva** e mostra atteggiamenti mentali e comportamentali solitamente eccessivi, soprattutto nel caso si parli di *narcisisti grandiosi* che rappresentano forse le tipologie più note, come quelle degli "Overt", dei "Carismatici", dei "Somatici" e dei "Cerebrali", che analizzeremo in seguito insieme alle altre.

Il rovescio della medaglia di queste personalità, che in superficie appaiono così *grandiose*, è costituito però da caratteristiche come:

La grande **sofferenza interiore** dovuta perlopiù all'**invidia** verso gli altri, visti come coloro che hanno di più, ma che comunque meritano di meno del Narcisista; la **modalità manipolatoria** dei narcisisti nei confronti soprattutto della partner; il conflitto interiore tra il mostrarsi con un'**altissima autostima e la paura di non averla affatto**; le numerose **relazioni difficili** che si accumulano man mano nel corso della loro vita.

Riguardo a quest'ultima caratteristica, si deve chiarire come il narcisista rimanga infatti preso da un vortice di tante relazioni, visto che è indotto a cambiarle, in quanto vittima egli stesso di un particolare processo comportamentale. Egli, infatti, inizia la sua relazione idealizzando la partner, cercando una totale assimilazione verso di lei, mostrando grandissimo trasporto (esternato in modo molto diverso dai vari tipi narcisistici) e rimanendo presto puntualmente deluso. Passa così ad avvertire una grande paura di essere abbandonato ed è questa la ragione che lo spinge a denigrare la partner per poi infine allontanarsi e abbandonandola; si comporta così perché in questo modo ha la possibilità di fuggire da tutte quelle situazioni che lo possono (o anche solo lo potrebbero) far soffrire e, soprattutto, scongiurerà una delle sue paure più grandi: la possibilità che sia la partner ad abbandonarlo per prima. Una eventualità del genere minerebbe gravemente la sua autostima e per lui sarebbe una vera tragedia.

Quindi, scopriamo presto che questo tipo di comportamenti -entusiasta idealizzazione, denigrazione, manipolazione, mistificazione e abbandono- diventano ciclici. Il narcisista si mostra infatti, da questo punto di vista e nonostante le sue tante variabili comportamentali, **prevedibile**.

Il narcisista, solitamente, non ha un rapporto esclusivo, eccetto che in qualche caso veramente raro. Nel senso che non è capace di mantenere a lungo un legame, perché viene presto deluso. La partner, infatti, dopo essere stata oggetto di idealizzazione, non regge il confronto con quella prima immagine che lui aveva costruito e, di conseguenza, il N., che intanto ha agganciato una nuova Vittima, si trova presto a sommare diverse relazioni, visto che l'abbandono di ogni sua vittima non è quasi mai definitivo e che il nuovo legame si somma puntualmente ai vecchi che stenta a lasciare. Infatti, dopo aver abbandonato la partner, il narcisista, il più delle volte, ritorna e tenta la riconquista, ripetendo il ciclo e aumentando il numero delle relazioni, attive o sospese.

La **ciclicità dei loro comportamenti** si può notare chiaramente, una volta che si considera il rapporto vissuto con una data partner. Egli, dopo averla prima angariata e poi abbandonata, ritorna, nel momento in cui è lui a non sentirsi più ricercato e voluto. Solo allora, quando non sente più la minima attenzione di lei, puntualmente, si rifà vivo e tenta di riprendere il rapporto, promettendo anche cambiamenti che (è riscontrato) non arriveranno mai.

Se riesce a riallacciare il rapporto -con promesse, gentilezze e attenzioni- rinnoverà il solito ciclo di comportamenti: quindi, egli inizierà mostrando ancora l'entusiasmo dei primi tempi con un *Love Bombing* di solito di breve durata, poi fa seguire la denigrazione e l'indifferenza, fino ad abbandonare di nuovo la compagna, fidanzata o moglie del caso (o compagno, fidanzato o marito). Questo comportamento, con le sue modalità, svela **il loro vero obiettivo, che è quello di ottenere nuovamente la dipendenza emotiva della partner.** Per questa ragione, si attiva solo quando non la sente più, dopo cioè che inizia a sospettare (con timore) di essere stato cancellato dalla sua vita; si muove perché deve riguadagnare assolutamente la sua perduta attenzione, la sua devozione, sempre per la sua smania di essere amato e di essere al centro dell'attenzione e per non subire *lui e proprio lui* il dramma dell'abbandono che frustrerebbe la sua autostima.

Tutto questo spreco di energie, tutta questa ricerca dell'attenzione dell'altro, almeno agli inizi di questi cicli, porta a poco o a niente, visto che il narcisista *non riesce a costruire una relazione che possa avere un futuro.* Ma non può sperare di avere una vera relazione, perché pretende tutto e non offre assolutamente nulla dal punto di vista affettivo.

Interessante ciò che dice **Umberto Galimberti** riguardo i narcisisti, ovvero che sono come handicappati psichici, a cui manca la cultura della relazione, ma, "essendo simpatici e allegri e affascinanti, le donne s'innamorano, senza sapere che mancano dell'organo della relazione. Non investono sull'altro, investono solo su sé stessi." Galimberti parla della loro gloria e vanagloria, esibite per guadagnarsi quell'identità che nasce dal riconoscimento dell'altro.

Il pensiero fisso del narcisista è, citando ancora le parole del Professor Galimberti, quello che dice: *"senza il riconoscimento dell'altro, io non so chi sono."*

Sulla figura del narcisista, nell'ambito della psicologia clinica e della psicologia della personalità, sono prese in esame diverse varianti, sviluppate attraverso studi e osservazioni cliniche.

Cominciamo ora a cercare di individuare almeno *i profili più importanti e diffusi di questa patologia* che, ricordiamo, viene comunque considerata come una sola.

I primi due profili, ormai noti anche ai non conoscitori della materia, sono chiamati **Narcisista Overt (o Manifesto)** e **Narcisista Covert (o Nascosto)**.

Ma, oltre queste due tipologie di personalità narcisistiche, ne esistono altre, meno conosciute ai non addetti ai lavori:

Il **Narcisista Carismatico**, il **Narcisista Maligno** o **NPD Maligno**, il **Narcisista Antisociale**, il **Narcisista Somatico**, il **Narcisista Cerebrale**. Vediamo di dare, ora, una chiara descrizione per ognuna di queste personalità, che mostrano caratteristiche proprie, diverse e aggiuntive, rispetto alla visione che abbiamo già dato del Narcisista, ovvero quella presentata nelle pagine precedenti e costruita in modo generalizzato, per fornire un primo approccio più facile all'argomento.

Riguardo al **Narcisista Overt**, si può dire che sia il *tipo di personalità narcisistica maggiormente conosciuto*, quello anche assorbito meglio dalla memoria collettiva e che, in grandi linee, coincide con quello che abbiamo fin qui trattato, proprio perché considerato come il più rappresentativo: estroverso, grandioso, dotato di empatia conoscitiva e che fa mostra di grande considerazione di sé. L'autostima *sembra* essere altrettanto grande, ma, come già accennato, nasconde invece, a tutti gli effetti, una profonda insicurezza di fondo che maschera benissimo. È proprio la mancanza di autostima -anche per lui che sembra averne tantissima- la molla che lo spinge a compiere tutte quelle azioni, tutti quei comportamenti, che lo rendono identificabile e dannoso per gli altri.

L'Overt è il tipico narcisista che, soprattutto inizialmente, esterna grande trasporto, che stordisce la partner con un *Love Bomber* che verrà ben ricordato dalla vittima come un segno di grande amore. È ciclico, traditore, e si troverà presto a gestire quello che gli addetti ai lavori chiamano **harem**, con una moglie o fidanzata ufficiale, un'amante di cui è infatuato e altre relazioni satelliti, di cui ha in genere pochissima considerazione, ma della cui presenza non può fare a meno.

Il **Narcisista Covert** sembra essere l'opposto dell'Overt, anche se è doveroso precisare un "quasi", visto che mantiene alcune caratteristiche, meno visibili ma, quando si va ad analizzare meglio, simili al primo. Diciamo piuttosto, che cambia la forma, ma non il contenuto.
L'immagine generale, quella di primo impatto del Covert, si distingue comunque: è senz'altro molto più introverso,

agisce quasi nell'ombra ed è difficile da individuare, perché *non ha nulla di appariscente o esagerato*. Apparentemente sembra una persona piuttosto *"normale"*.

Non esterna l'immagine piena di sé ed eccessiva del primo e ha l'abilità d'esser capace di esternare empatia e sentimenti nei confronti di altri.

Addirittura, il Covert *riesce a trasmettere un'immagine sentimentale di sé* e a porsi spesso come vittima; è affettato nei modi e si mostra un po' snob, dando agli altri l'idea di essere un timido che soffre della sua poca autostima. Ma è solo simulazione, visto che, invece, lui nascostamente idealizza molto sé stesso e svaluta gli altri, esattamente come il N. Overt. Questo comportamento da introverso gli è invece dettato dall'ansia e dalla paura del rifiuto, mentre, le volte che viene respinto, ripaga gli altri con un silenzio malevolo.

A differenza dell'Overt, che risolve i suoi problemi di autostima credendosi e mostrandosi superiore, il **Covert** si vergogna dei propri obiettivi e delle sue ambizioni, arrivando a evitare le relazioni con gli altri. Si può dire che lui nasconda il suo senso di superiorità, mostrando invece quel timore degli altri che lo porta ad allontanarsi anche dalla sfida e dalla competizione, perché ha paura di fallire. Addirittura, è afflitto da ansie e da pensieri di fallimento in tutti gli ambiti, dal professionale al sentimentale.

Se il N. Overt ricerca il consenso e l'ammirazione in modo plateale, si può dire che il Covert *punti sì alle stesse identiche cose, ma in modo nascosto* e, quando non riesce ad ottenerle, assume un comportamento aggressivo-passivo, che gli altri percepiscono come sdegnato, imbronciato.

Anche nella **sfera sessuale**, queste due tipologie di narcisista hanno comportamenti molto diversi, pur essendo accumunate dalla mancanza di reali capacità affettive: perché il N. -di ogni tipo- è, ricordiamolo, incapace di dare un affetto vero, perché non riesce ad abbandonare il suo egoismo.

Quindi, mentre il **N. Overt** ha una vita sessuale brillante, con un approccio vitalista, seppur meccanico, nei confronti del sesso, che pratica con baldanza, il **N. Covert** ha spesso problemi nella sfera sessuale.

Per mostrare in modo più chiaro le differenze riguardo a quest'ambito, possiamo dire che il **N. Overt** mostra spavaldamente una sessualità esuberante, promiscua, con più partner e spesso con prostitute. Ha una vera ossessione per la pornografia, pratica il sesso in modo sostanzialmente meccanico, ne rimane coinvolto con i sensi senza però esserlo dal punto di vista sentimentale, ed è talvolta brutale.

Il **N. Covert**, nel caso maschile, non ha la spavalda sicurezza e baldanza dell'Overt, anzi: durante i rapporti fatica a mantenere l'erezione, spesso non ha stimoli, obbliga la partner a lunghi periodi d'astinenza e quando le si concede lo fa sotto forma di favore; non di rado ha perversioni sadomasochiste. Molti casi presentano ossessioni masturbatorie, attrazione verso donne più grandi o molto più giovani, sconfinando, in quest'ultimo caso, nella pedofilia. Alcuni sono omosessuali non dichiarati: hanno, come partner principale, una donna e, all'insaputa di lei, mantengono rapporti con uomini. Quando è impegnato a praticare l'astinenza con la partner, lo fa in maniera quasi punitiva e la offende, accusandola di *"pensare sempre a quello"* nei momenti in cui lei contesta la sua indifferenza. In più, il N. Covert si astiene, anche e soprattutto perché il sesso porta a una pericolosa perdita di controllo, un lasciarsi andare che potrebbe concedere alla donna le redini del rapporto e per questo egli preferisce le pratiche masturbatorie; perché queste, molto semplicemente, non lo mettono in gioco, non lo fanno rischiare.

Il N. Covert ha come altra caratteristica distintiva quella di sembrare empatico: dal primo appuntamento fino a quelli immediatamente dopo, riesce a mostrarsi emotivamente molto vicino alla futura partner. Descrive sé stesso come una persona buona, romantica, idealista e sensibile, ancora traumatizzata da un dolore recente. In questi casi, può riferirsi a un lutto come a una relazione finita male, mai per sua colpa. Punta in questo modo a intenerire le donne con storie tristi che, se vissute da una persona normale, per pudore e per non dover rivivere una grande sofferenza, non verrebbero raccontate così facilmente a una nuova amicizia.

Ma il **N. Covert crede realmente di essere vittima, di situazioni, persone e casi della vita**; calca la mano però, recitando questa parte per poi farsi accettare così, com'egli si dipinge. All'inizio è capace di comportarsi come una persona gentile, sensibile ed empatica, ma, esattamente come il N. Overt, non riesce ad avere reali empatie affettive, anche se è in grado di simularle molto bene.

Tutte le sue tattiche manipolatorie, durante i primi approcci, puntano a circuire una tipologia di persona che è, preferibilmente per lui, quella di una donna servizievole, una donna che gli si dedichi, meglio ancora una donna che abbia quella che viene chiamata comunemente "***Sindrome della Crocerossina***" (o dell'Infermiera) e che invece, più correttamente, potrebbe definirsi come un *comportamento con dinamiche di relazione co-dipendente*.

Un'altra definizione della *sindrome da crocerossina* è forse più

chiara: "**_senso di colpa da responsabilità onnipotente_**".
Questa forma rivela molto del rapporto tra N. Covert e la
sua Vittima. Vediamo il perché:

Partiamo dal presupposto che tra il N. Covert e la sua partner
si sviluppi un forte legame di _dipendenza affettiva_, che è
comunque il risultato di una dinamica spesso complessa tra
due persone, tanto che in alcuni casi, il ruolo di vittima e
carnefice non è mai così certo, perlomeno nelle fasi iniziali
del rapporto.

Già prima accennavamo alla scelta che effettua il N. Covert
di una certa tipologia di preda, che per lui è molto appetibile,
perché empatica e portata alla cura. Dall'altra parte, la stessa
Vittima sente come bisogno di una persona affranta, timida
e da curare. Quando queste due tipologie di persone si
incontrano, _sembra quasi il preambolo di un'unione simbiotica_. La
Vittima però, dopo un periodo (molto variabile) di quello
che lei crede essere amore da parte del N., si troverà di fronte
una persona molto diversa da quella che aveva immaginato.
Il N. Covert (ma non è l'unico dei N. ad usarla), una volta
passata la fase iniziale e positiva del rapporto, adotterà la
tattica del **Rinforzo Intermittente**, ovvero quel
comportamento che diventerà il periodico _regalino_ alla sua
partner, la caramella per addolcire le cattiverie e magari i
maltrattamenti praticati. Inscena dunque dei ritorni all'amore
iniziale, che saranno di breve se non brevissima durata.

La Vittima si attaccherà emotivamente a questi episodi, che
rafforzeranno la sua dipendenza affettiva. Ricorderà solo
questi momenti più dolci, mentre rimuoverà le angherie e le
cattiverie tramite ciò che viene chiamato "**dissonanza
cognitiva**". Lei entrerà in una fase sempre più confusionale,
in cui sentirà di doversi preoccupare di tutti i comportamenti

da lei stessa tenuti e delle sue sofferenze, fino ad annullarsi. Ciò che la farà precipitare, sarà la sua scarsa autostima, caratteristica ora peggiorata dal rapporto col N., perché sua caratteristica già prima dell'incontro col partner, perché nata probabilmente (in percentuali molto alte dei casi) anche questa da un trauma infantile.

Man mano che il N. Covert mostra la sua reale personalità, egli stravolgerà il suo atteggiamento, che non sarà più amorevole, ma denigrante e accusatorio: incolperà la sua Vittima di ogni male, dicendole frasi del tipo: *"ecco, ci mancavi solo tu!"*, *"ma perché tu!"* annoverandola quindi tra tutte le sue altre disgrazie. E lei, naturalmente, si colpevolizzerà, perché la voce della sua bassa autostima le dirà: *"non sei capace di aiutarlo, guarda come lui si comporta per colpa tua!"* Esattamente quello che si sente dire dal N., cha la accusa per tutto ciò che lui stesso fa di male.

È pericoloso perché subdolo, simulatore e manipolatore.

La vittima deve, perciò, trovare la forza di allontanarsi e di capire le sue stesse reali debolezze, trovare aiuto per rafforzarsi e lavorare per giungere ad una autocoscienza e un'autoconsapevolezza, per rendersi conto cosa alla fine il N. le sta facendo passare. Non è certo un passaggio semplice da fare, ma allontanandosi da lui, dalla sua influenza e dalle sue manipolazioni, può riuscirci.

Parleremo più avanti riguardo questo tema, sul come prima combattere e poi uscire da un rapporto così tossico.

Il **Narcisista Carismatico** è sostanzialmente un N. Overt con ancor più spiccate caratteristiche di fascino e con un innato carisma; i N. Carismatici sono eloquenti, affascinanti e possono essere dei parlatori coinvolgenti. Mostrano grandi ambizioni -di lavoro, politica e potere- e una sicurezza di sé che li porta a coinvolgere il loro pubblico, pretendendo da questo una costante ammirazione, addirittura un'adorazione. Tutto ciò, insieme alla loro abilità manipolatoria (spesso sottile), li porta a riuscire nei loro intenti e, potendo essere considerati dei leader naturali, risultano vincenti e persino oggetto di idolatria da parte degli altri. Queste notevoli caratteristiche li espongono però, dall'alto dei loro successi, a cadute rovinose sul fronte dell'autostima, nei casi di grosse delusioni o insuccessi.

Il **Narcisista Maligno** o **NPD Maligno**, possiede alcune delle caratteristiche già considerate tipiche sia del N. Overt che del N. Covert, ma su un piano estremo, arrivando a rivelarsi una personalità veramente pericolosa e distruttiva. Questa forma rappresenta la **forma più grave di Disturbo Narcisistico della Personalità**, dove la forte manipolazione, con bugie e coercizioni, non lesina alcun mezzo per il raggiungimento dei suoi fini. I N. Maligni non hanno alcuna empatia, ma, anzi, si mostrano estremamente crudeli, addirittura sadici, pieni di disprezzo per le altre persone. Sono estremamente e ossessivamente vendicativi, soprattutto verso chi, secondo loro, ostacola anche minimamente il loro ego.

Eppure, anche il comportamento maligno di questo tipo di personalità nasconde, secondo la psichiatria, un *tentativo di difesa dalle profonde insicurezze e dalla mancanza di autostima*, che il N. Maligno occulta con grande abilità.

Quindi, si può dire, senza il minimo dubbio, che il N. Maligno è una persona che soffre e che avrebbe, più degli altri narcisisti, bisogno di cure appropriate. Eppure, proprio per le sue caratteristiche, sembra molto difficile che una terapia possa raggiungere il risultato sperato. Questa tipologia si mostra infatti *molto refrattaria ad ogni intervento curativo*, cercando spesso di contrastarlo in diversi modi, dando ennesime prove delle grandi abilità manipolatorie da parte del paziente.

Da alcuni professionisti del settore, si sente fare l'affermazione, con l'intenzione di dare un'idea semplificata di come questo tipo di personalità sia pericolosa, che, *se è vero che non tutti i Narcisisti Maligni sono serial killer, è altrettanto vero che tutti i serial killer sono Narcisisti Malefici.*

Quest'affermazione, per quanto sembri una battuta - nemmeno di ottimo gusto- e per quanto **non debba essere ritenuta del tutto valida**, fa intravedere comunque un barlume di realtà che mostra, in molte delle casistiche raccolte dai primi anni Sessanta ad oggi che, tra diversi tipi di criminali molto pericolosi, si trovano effettivamente molti Narcisisti Maligni e Antisociali. *Gli studi nel campo della criminologia* sono però in continua evoluzione e, *per quanto riguarda questo tema, la presenza di altri disturbi patologici*, da soli o anche in parte, come la schizofrenia, le psicosi o i borderline, *rendono molto difficile ogni generalizzazione.*

Il **Narcisista Antisociale** è una figura che, in alcuni autori, coincide con quella specifica del Narcisista Maligno. Solitamente però, talvolta relativamente al contesto, alcuni la legano ancora di più al **Disturbo Antisociale della Personalità (ASP)**. In ogni caso, qualunque sia la loro catalogazione, queste pericolose tipologie si evidenziano in alcuni tratti come le grandi irritabilità e aggressività, l'essere irresponsabili e impulsivi, lo stile di vita instabile dal punto di vista lavorativo e relazionale, oltre la tendenza a essere coinvolti in attività criminose e, naturalmente, dall'essere privi di empatia. Anche in questo caso, valgono le considerazioni fatte prima per il Narcisista Maligno propriamente detto, per cui si legge spesso e volentieri come anche questa definizione sia correlata a profili criminali molto pericolosi.

Il **Narcisista Somatico** concentra patologicamente le sue attenzioni sul proprio aspetto fisico e sull'attrazione sessuale. Quest'ultima caratteristica è percepita (come per le altre figure narcisistiche) senza nessuna connotazione affettiva. Questo disturbo può coesistere con altri tipi di personalità narcisistiche come il Narcisista Maligno o il Narcisista Cerebrale.

Il **Narcisista Cerebrale**, per alimentare la sua autostima, pone tutta la sua attenzione su obiettivi e su tutto ciò che realizza o ha realizzato in ambito accademico, culturale, artistico e professionale. Come tutti i narcisisti hanno bisogno di essere ammirati e approvati per i loro risultati, hanno un'altissima considerazione di sé, soprattutto della propria intelligenza e del proprio sapere, e solitamente mostrano disprezzo per quelli da loro considerati meno intelligenti e colti. Ricercano prima di tutto il successo professionale, puntando a posizioni di prestigio come, ad esempio, quelle di ambito accademico, che sono convinti di meritare, mentre provano invidia e risentimento per coloro che hanno avuto riconoscimenti maggiori dei loro.

La Narcisista Donna.

All'inizio di queste pagine avevamo accennato come, fino a poco tempo fa, la figura del Narcisista fosse legata indissolubilmente al genere maschile, mentre, negli ultimi anni, si stanno rilevando invece percentuali in crescita dei casi legati a Narcisiste Donne. Recenti indagini registrano infatti la percentuale di narcisismo patologico a circa l'ottanta per cento negli individui maschi, quando, pochi decenni fa, i pazienti maschi coprivano la quasi totalità dei casi. Probabilmente, questo cambiamento è il prodotto delle evoluzioni culturali, molto veloci ed evidenti, soprattutto nel campo della comunicazione e del costume, che hanno inciso in modo profondo nella società e negli stili di vita negli ultimi trent'anni.

Quando Umberto Galimberti chiama quella odierna **"*società narcisistica*"**, fa riferimento al contesto dove persone di ogni genere enfatizzano la propria immagine, soprattutto tramite i social, dove altrettanti hanno la possibilità di comunicare a un numero teoricamente illimitato di altri individui. Il risultato lo si vede nei cambiamenti del costume e nelle dinamiche tra i sessi, nell'evoluzione che ha generato una differenza di fondo a livello generazionale, con i casi di narcisismo in crescita tra le più recenti fasce d'età, con percentuali molto diverse da quelli registrati tra le generazioni più anziane, che sono quelle che usano meno i social.

La donna, almeno in Occidente, nell'immaginario collettivo delle epoche del passato era una figura defilata, rispetto all'uomo che aveva un peso sociale molto maggiore; per fare un esempio, si può dire che il narcisismo, per l'uomo, possa essere stato socialmente incoraggiato proprio dal suo ruolo sociale e professionale, dove era -e tutt'oggi molto di più- considerato un traguardo importante diventare una figura di spicco nel proprio ambiente, che fosse quello mercantile, imprenditoriale, scientifico, accademico, artistico o militare. Al contrario, per quanto riguarda le donne, non è raro imbattersi, nei romanzi del 'Settecento e dell'Ottocento, in argomentazioni dove si fa riferimento alla *"naturale modestia del gentil sesso"*.

Dalla seconda metà del 'Novecento, la società è cambiata molto, anche in Italia: per le donne, l'accesso al lavoro in tutti i rami dell'attività umana ha rivoluzionato la percezione e lo status delle donne. E, se, ancor oggi, l'eguaglianza di genere è lungi dall'essere raggiunta, la percezione è comunque molto cambiata e lo sarà molto di più in un futuro molto prossimo. Quindi, la donna, nel cimentarsi in contesti lavorativi di ogni genere, un tempo di pertinenza maschile, ha cominciato ad utilizzare schemi mentali e parametri di valori che prima nemmeno considerava -o perlomeno considerava in misura molto minore- come l'affermazione professionale ed economica, la leadership, il raggiungimento di uno status. Anche per questo, le eventuali differenze che si percepiscono tra un Narcisista Uomo e una Narcisista Donna risultano oggi minime. Poi, nella realtà, molto cambia, ma qui subentra l'estrema complessità dell'essere umano -variabile da persona a persona a prescindere da età, etnia, cultura- tanto che si potrebbe obiettare quanto in realtà la differenza sia solo un elemento legato più a un sistema di formazione, -parentale, amicale, educativo, formativo- ed esperienziale, piuttosto che al genere.

Unica differenza a livello di percentuali riscontrate, sembra essere la marcata tendenza, per la donna, ad essere soggetta al narcisismo nella forma Covert, piuttosto che Overt e quindi mostrare tendenze più inclini a forme di introspezione, di insicurezza e di autocritica; questo però si riferisce unicamente alle percentuali fornite dalle statistiche, perché, nei casi, si riscontrano personalità di ogni tipo anche per il genere femminile.

Capitolo II

I segnali per riconoscere un narcisista

Se nel precedente, abbiamo cercato di fornire al lettore una descrizione di una patologia sicuramente complessa, con figure aventi differenziazioni, sintomi e caratteristiche anche molto distanti tra loro, in questo secondo capitolo vorremmo prendere in esame i segnali che individuano le personalità narcisistiche. Sono questi gli indizi che andrebbero letti e che dovrebbero mettere in allerta chi sospetta di avere a che fare con personalità narcisistiche. Nelle pagine seguenti, saranno perciò descritti i segnali comuni alle diverse tipologie, come quelli legati a una singola di queste, sperando che l'espediente possa renderne più semplice il loro riconoscimento:

Soliloquio: quando appare sulla scena, il Narcisista non si rivolge ad una o più persone, per cercare un dialogo, ma parla spesso a dismisura con l'intenzione di catturare l'attenzione di un pubblico, cercando, con un linguaggio teatrale, l'ammirazione di una platea. Ricerca tutto questo, mentre, quando discorre o semplicemente parla con un unico interlocutore, parla solo lui e praticamente non presta all'interlocutore una vera attenzione, se non per pochi secondi. Si comporta in modo diverso, addirittura opposto, solo nel caso voglia affascinare una determinata persona per fini precisi, come quello, ad esempio, di instaurare un nuovo rapporto sentimentale. In quel caso riempie l'altra di attenzioni (Narcisista Overt, Carismatico o Maligno) e se è un N. Covert si impegna a sembrare empatico.

Attenzioni: si mostrano amorevoli -soprattutto durante il primo approccio con una partner, come anche nella parte iniziale della relazione- prestando tutte quelle attenzioni che risultano estremamente accattivanti per la vittima. Da questo punto di vista, risultano veramente inventivi: per conquistare o per sbalordire la partner -sempre durante le fasi iniziali della relazione (o nelle fasi del riavvicinamento dopo l'abbandono) - sono capaci di iniziative grandiose, con idee che lasciano finanche sbalordita la futura vittima e il suo "pubblico" (Narcisista Overt). In altri casi, egli tende una trappola al futuro o alla futura partner, mostrandosi remissivo, dolente, intellettualmente seducente e fingendo di avere quello che realmente non ha, ovvero una empatia affettiva. Il mostrarsi addirittura timido e sensibile fa parte delle caratteristiche peculiari del Narcisista Covert.

Autostima: nel Narcisista l'autostima sembra essere sempre molto alta, sia che la esterni in modo esplicito, come nel N. Overt o nel N. Carismatico, sia che la nasconda sotto un velo di timidezza, come nel N. Covert. Nel N. Covert, sotto l'aspetto timido e remissivo, traspare un atteggiamento snob e superbo, che dovrebbe far intuire agli altri la grande (perlomeno in superficie) considerazione che hanno di sé, nonostante l'assenza di manifestazioni eclatanti. Eppure, nella realtà più profonda, i N. Covert nascondono una autostima bassa, ancora di più degli altri Narcisisti.

Ricordiamo infatti che, per tutte le personalità narcisistiche, l'autostima oscilla vistosamente tra la grandiosità e lo svuotamento, quando nella realtà, nel profondo del loro inconscio, l'autostima è scarsa. Per questo l'autostima del N. dipende soprattutto dalla **considerazione degli altri**, per questo è sempre dipendente da una platea che lo stia a sentire, che lo incensi e lo aduli. Le modalità sono diverse per le varie tipologie, ma il meccanismo principale, quello della strenua ricerca di un'autostima che nella realtà più profonda gli manca, è lo stesso.

Sessualità: esattamente come per quanto riguarda le loro attenzioni nei confronti della partner, anche nella sfera più propriamente sessuale, si mostrano solerti ai suoi bisogni, atteggiandosi in modo empatico. Le loro emozioni però sono "proto-emozioni", brevi e intense, che appaiono piene di un entusiasmo alternato a momenti di stizzoso risentimento. La loro sensualità rimane meccanica quasi fosse una prestazione atletica, essendo priva di un reale coinvolgimento affettivo. Anche per quest'ultima ragione, il soddisfacimento del piacere deve essere per il N. immediato. Inoltre, si comporta in modo promiscuo, cercando quindi altre donne, anche tra le prostitute. Queste ultime soddisfano molto la sua ricerca di piacere, fisico ed effimero, avendo poi il pregio di non arrecargli alcun tipo di responsabilità (Narcisista Overt).

In altri casi -come in quello del N. Covert- egli usa la sessualità come **arma di ricatto**. Non ha grossi stimoli sessuali, si nega alla partner e gioca sul suo rifiuto e sulle avances di lei, frustrandola e denigrandola. In certi casi, convive con la vittima prescelta donna -moglie o compagna- ma intrattiene rapporti omosessuali, che tiene nascosti.

È incline alla masturbazione ossessiva e presenta a volte perversioni come quella sadomasochista.

Quando rifiutato può essere violento e molto pericoloso (Narcisista Malefico e Covert).

Disprezzo degli altri: il narcisista mostra disprezzo verso gli altri, sia nel caso parli di persone, in questo caso esprimendo giudizi negativi, ma anche, nel protrarsi della relazione affettiva, verso chi, da un certo momento in poi, diventa la sua vittima designata. Infatti, finito il periodo iniziale della relazione, (che, come abbiamo già visto, registra picchi di vera infatuazione, come nel caso del N. Overt) alla idealizzazione e fascinazione subentra il disprezzo e la denigrazione nei confronti della partner, che diventa, a tutti gli effetti, la sua Vittima. La presenza del disprezzo è un segnale comune per identificare quasi tutte le tipologie di narcisisti.

Piedistallo: il Narcisista vuole a tutti costi essere al centro dell'attenzione, vuole un palco dove riscuotere quell'ammirazione che surroga l'affetto mancato nell'infanzia o nell'adolescenza. Questo è un tratto che hanno tutti i narcisisti, N. Carismatico e Overt in testa; anche il N. Covert lo desidera ardentemente, anche se per lui rimane un obiettivo timidamente defilato nei suoi comportamenti. Eppure, anche lui, nascostamente si strugge per ottenere un'altissima considerazione da parte degli altri.

Caratteristiche del Discorso: per quanto riguarda il **N. Covert**, il suo eloquio è particolare, ricco di bugie fascinose, metafore inappropriate, discorsi spesso confusi e ricchi di frasi che tendono a deragliare. Il Narcisista Covert non risponde mai direttamente a una domanda, ma svia e distrae in continuazione il suo interlocutore, mostrandosi sempre estremamente abile nel "girare la frittata", come si suol dire. Invece, il **N. Overt** -e ancor di più il **N. Carismatico**- si mostra molto più abile, anzi, si dimostra particolarmente capace nella fascinazione affabulatoria. La buona, se non addirittura straripante (nel N. Carismatico), capacità di linguaggio è comune a quasi tutte le forme di narcisismo.

Bugie e manipolazioni: uomo o donna che sia, il narcisista manipolatore si insinua nelle vite degli altri con bugie e travisamenti. Il Narcisista si diverte a minare l'autostima e la sicurezza psicologica della Vittima. Sono tutte azioni che lui compie con l'intento di creare una **forte dipendenza** nei suoi confronti da parte della Vittima, per convincerla di *non poter fare a meno di questo tipo di rapporto*.

I Narcisisti mettono in atto, anche in modo inconsapevole, un processo di manipolazione e, con delle strategie, puntano a privare le loro vittime del benessere psichico e fisico, approfittando della mancanza di lucidità di queste per i loro fini.

Manipolatore: tutte le forme di personalità narcisistiche mettono in atto, per gradi diversi di grandezza e sottigliezza, la manipolazione. Soprattutto nei confronti della partner, viene effettuata quella manipolazione che costituisce il mezzo di controllo capace di determinare la sudditanza e in certi casi la rovina psicologica e materiale (come nel caso del N. Maligno) della partner o del partner. *Ma il fine ultimo della manipolazione è sempre la gratificazione del N., o meglio ancora, la gratificazione e l'accrescimento della sua autostima a scapito di quella della Vittima.*

Gioca con le emozioni: per il Narcisista, distorcere la realtà è un gioco divertente, un meccanismo in cui è maestro, utile per meglio gestire il bagaglio di bugie con cui inganna chi gli sta accanto. In questo modo, distorce la realtà con racconti completamente falsi. Ancora peggiore è la tecnica del **Gaslight**, che punta a *distorcere frasi, ricordi e memorie della vittima, portandola verso una confusione totale e a dei dubbi sulla propria lucidità mentale.*

Crea dubbi nella vittima: davanti a questi comportamenti, la vittima è indotta a mettere in dubbio sé stessa e le proprie capacità critiche, fino ad arrivare ad *auto ingannarsi*, facendo così il gioco del narcisista manipolatore. Egli raggiunge così il suo scopo: minandone l'autostima e la sicurezza, induce la Vittima ad aver terrore della fine della relazione. Di questa paura si nutre il Narcisista. Anche le forme di denigrazione che usano nei confronti delle proprie vittime puntano ad abbassare l'autostima di queste, renderle fragili e più dipendenti nei loro confronti. In questo modo raggiungono l'obiettivo di accrescere la propria autostima, *sentendosi tanto più forti e grandi rispetto alla Vittima.*

Rapporti non esclusivi: Umberto Galimberti dice che i Narcisisti "mancano dell'organo della relazione"; così, non essendo in grado di tessere relazioni affettive vere, si mostrano incapaci di avere legami di lunga durata e, nei casi (piuttosto rari) ne abbiano uno, nemmeno allora riescono a dare qualcosa di sé dal punto di vista sentimentale. Per loro è più facile e gratificante avere più relazioni contemporaneamente, in cui giostrarsi e da cui prendere il *pieno di emozioni e autostima*, semplicemente *rubandolo* agli altri.

Tradisce e abbandona: queste due azioni sono tipiche del suo comportamento. Il tradimento e l'abbandono rimangono delle costanti, quasi sempre seguite da tentativi (vedremo poi perché abitualmente così riusciti) di riavvicinamento al partner.

Le critiche: critica gli altri, soprattutto la partner, appena finisce la parte iniziale della relazione, quando inizia la fase denigratoria del rapporto. *Critica gli altri, ma non accetta critiche da nessuno*. Esternare critiche sugli altri è una caratteristica ancor più tipica del N. Covert, conseguente all'invidia sentita, per cui egli getta fango su chi gli provoca rabbia.

Fugge sofferenze e responsabilità: si allontana da tutte quelle situazioni che gli provocano o potrebbero provocargli sofferenza. Fugge anche dai dolori degli altri, ma non per empatia, ma per non vivere situazioni che non combaciano più con il suo ideale di relazione; per le stesse ragioni fugge le responsabilità, allontanandosi anche dalle incombenze e dalle noie degli altri, tutte situazioni che lo infastidiscono.

Assenza di ascolto: non ascolta gli altri, soprattutto per quanto riguarda i loro bisogni e le loro aspettative. Invece, ascolta molto nei casi in cui *cerca nascostamente informazioni per i suoi scopi*, come nel caso voglia conquistare una persona e abbia bisogno di conoscere i suoi gusti, le sue idee, e scoprire così i suoi punti deboli. Rovista così tra i discorsi, le telefonate, le e-mail e i social, come fosse un investigatore.

Prova invidia: il narcisista (soprattutto il N. Covert e il N. Cerebrale) soffre particolarmente l'invidia: di chi è più fortunato, di chi ha avuto più successo e di chi ha raccolto più meriti che lui non riconosce. L'invidia è, per lui, un grande dolore.

Egocentrico: il Narcisista è l'egocentrico per antonomasia. Tutto ruota attorno a sé e alla sua volontà di catturare l'attenzione e l'ammirazione degli altri. Questi comportamenti narcisistici, se hanno risultati, rappresentano il carburante per la sua autostima. Ogni N. vuole un palco dove sentirsi ammirato, ma *la fonte più continua, disponibile e duratura per la sua autostima è rappresentata dalla sua Vittima.*

Empatia cognitiva e affettiva: se la prima forma è presente nel Narcisista, -che anzi si mostra abile nel praticarla, prima capendo i bisogni e le aspettative della partner e poi, quand'essa è diventata Vittima, nell'ostacolarla, denigrarla e indurla ad una forma di sudditanza nei suoi confronti- la seconda forma, ovvero *l'empatia affettiva è assente. Il narcisista manca quasi del tutto di empatia affettiva.* Il N. Covert è molto abile, nel momento che tenta di iniziare un rapporto, a sembrare empatico dal punto di vista affettivo, ma, come nelle altre forme descritte, si tratta solo un abile inganno per raggiungere i suoi scopi. Eppure, il N. Covert è veramente capace nel simulare di essere particolarmente sensibile ed empatico, tanto da fingersi poeta, fine intellettuale, persona idealista e buona.

Non prende responsabilità: il narcisista non si prende carico di responsabilità, oltre quella di *controllare e manipolare la sua vittima.* Suo obiettivo è rappresentato dal tenerla legata a sé in posizione di sudditanza, per la gratificazione della sua autostima.

Prevedibilità: il narcisista è prevedibile in quanto ciclico, ovvero mostra di operare quello che sembra un *rigido protocollo delle proprie azioni*, da cui difficilmente si discosta. Mostra una serie di comportamenti che seguono un ordine preciso, che si ripropone ciclicamente: è ciò che viene chiamato *"**ciclo narcisista**"*.

Ad un primo periodo di idealizzazione del partner, segue un secondo, dove inizia un'attività denigratoria nei suoi confronti ed una terza a seguire, di "scarto", con relativo abbandono. Poi, quasi puntualmente, segue un tentativo da parte suo di riavvicinamento alla Vittima, *iniziando così nuovamente il ciclo*, con gli stessi identici passaggi.

Il riavvicinamento del narcisista si attiva nel momento in cui la vittima *smette di cercarlo* e non risponde più alle sue chiamate o messaggi. Così, davanti a quello che reputa un rifiuto della partner -rifiuto che teme moltissimo- il narcisista ritorna alla carica in modo pressante, in certi casi inscenando un nuovo Love Bombing corredato da vane promesse.

Questo per il N. Overt, mentre per gli altri ci sono piccole differenze, come nel caso del N. Covert, dove l'approccio iniziale è già meno entusiasta a tutti gli effetti, ma risulta più empatico, in quanto -come detto in precedenza- sono estremamente abili a fingersi attenti, gentili e pieni di sentimento.

Love Bombing: questo è il termine con cui in psicologia si fa riferimento a una vera e propria tempesta d'amore; è la tempesta che il N. Overt -e delle altre figure a lui più simili come il N. Carismatico- è in grado di scatenare all'inizio di una relazione. Bombarda la vittima con manifestazioni di affetto, gentilezze, trovate sorprendenti, che devono impressionare la vittima, facendole credere di aver trovato il principe azzurro, l'uomo che può esaudire tutti i suoi sogni. In ogni caso, è un chiaro segnale di *infatuazione*, ma non è mai amore, per quanto possano essere eclatanti queste manifestazioni. Il N. Covert, pur non esternando il turbine di sentimenti di altre tipologie di N., copre la futura partner con mille attenzioni: una specie di Love Bombing in tono minore…

Dipendenza emotiva della vittima: il Love Bombing ha la caratteristica di apparire come una manifestazione di straordinaria presa emotiva per la vittima. Nonostante le denigrazioni e talvolta le violenze vissute nel corso della relazione, la partner ricorderà soprattutto quella che lei aveva inteso come una straordinaria manifestazione d'amore nei suoi confronti.

Dissonanza cognitiva: è la situazione psicologica in cui si trova la Vittima dopo che, finito il Love Bombing, subisce momenti di denigrazione, scarto e brevi momenti di quello che per lei sembra essere un ritorno di fiamma, che le fa rivivere il ricordo dei bei primi tempi della relazione. Una condizione questa veramente dissonante, che induce la Vittima verso la confusione e la depressione, ma che, più di ogni altro comportamento del N., la porta verso una situazione di dipendenza emotiva, più ancora del Love Bombing.

Controllo: in genere tutti i Narcisisti si affannano per ottenere un assillante controllo delle loro Vittime, soprattutto il N. Covert e il N. Maligno. In genere, questi si mostrano anche gelosi e assillanti.

Gelosia e risentimento: alcune figure come il N. Covert provano una gelosia patologica. Questa gelosia è ossessiva ed è accompagnata poi da una vera *campagna diffamatoria* nei confronti della Vittima. Sono atteggiamenti, per il N. Covert, indicativi riguardo l'alto grado di infatuazione (non amore…) a cui è arrivato.

La pretesa che la partner non frequenti poi altre persone, o un determinato genere di persone -come i familiari, ad esempio- seguono la logica di isolarla e indebolirla, tipica di altri comportamenti del N. di diversa tipologia.

Genera sensi di colpa: il Narcisista compie tutta una serie di comportamenti che puntano al controllo della Vittima. Quello forse più comune sembra essere quello di generare sensi di colpi nella partner. Utilizza fatti e comportamenti anche propri, alterandone il significato. Ad esempio: quando si ripresenta per cercare di recuperare la relazione (apprestandosi così a rinnovare il ciclo), dopo che lui stesso l'ha abbandonata, accusa la Vittima di esserne stata la causa. Il N. fa questo con l'intenzione di far nascere in lei un senso di colpa, nell'ennesimo tentativo di controllarla.

Odia baci e abbracci: come ultimo segnale, può essere utile inserire questa sua caratteristica, che lo rende piuttosto riconoscibile. *Il Narcisista è un anaffettivo*, odia i baci e gli abbracci, e anche quando si trova con altre persone che ben conosce, come amici o parenti, tende a mettere una distanza, anche fisica, tra lui e gli altri. Con la partner, egli pratica -N. Covert a parte- una intensa attività sessuale, limitata però alla sola componente fisica, essendo privo di tutto ciò che è legato ai sentimenti, per cui si tiene lontano da ogni tipo di tenerezza, da ogni complicità e solidarietà con la partner.

Narcisista Donna

È giusto dare una descrizione dei segnali utili a riconoscere il disturbo narcisistico nelle donne, anche se *numericamente meno importante* rispetto a quello maschile. Anche in questo caso, vengono evidenziate *voci* che ne fanno un ritratto generale, al di là delle diverse declinazioni della patologia, anche nel caso femminile distinte come Overt, Covert, Maligno etc. Potrete notare che le comunanze con il N. uomo sono molteplici, quasi da rendere **lecito pensare che le differenze di genere siano in realtà secondarie rispetto a quelle che si riscontrano da persona a persona**:

Apparenza: legata alla estrema cura dell'aspetto fisico, per cui *l'apparenza, l'eleganza, l'attenzione all'abbigliamento e al trucco, sono a livelli altissimi*. A questo è legato il bisogno di ammirazione sui punti appena espressi. Le N. donne sono sempre perfettamente abbigliate, truccate e agghindate.

Mancanza di empatia: anche in questi casi, la mancanza di empatia e di capacità nel dare affetto sono tratti distintivi.

Manipolazione: la N. donna ha forti tendenze manipolatrici e abilità nell'usare le menzogne come mezzi per giungere al loro scopo, oltre a indurre con estrema facilità al senso di colpa.

Affabulazione: affascinante e affabulatrice, ha la capacità di far sentire speciale il proprio interlocutore fino a farlo cadere in una trappola seduttiva.

Critica: la N. donna ha tendenza a criticare situazioni e persone, fa continuamente paragoni che mettono in cattiva luce il partner.

Relazioni interpersonali: sono difficili e caratterizzate da instabilità e dall'uso della manipolazione da parte della Narcisista.

Fragilità: La N. donna nasconde una fragilità emotiva associata alla bassa autostima; entrambi emergono al sorgere di minacce o di situazioni di rifiuto.

Capitolo III

Narcisismo nelle relazioni

Le personalità affette da patologia narcisistica, in tutte le loro varie declinazioni e differenziazioni, sono accomunate da un bisogno estremo di relazione. Ma, ciò che riescono a sviluppare sotto la forma di relazioni affettive con altre persone ha un valore limitato, anche perché, mancando ai N. proprio le capacità nel provare sentimenti, risultano essere solo delle relazioni a senso unico. Umberto Galimberti dice che *manca loro "la cultura della relazione"*, per cui l'affetto vero viene dato unicamente dalla partner.

Lo stesso **Egocentrismo** del Narcisista, mina qualsiasi relazione con gli altri, in qualsiasi ambito: affettivo, amicale, lavorativo, ecc. Il Narcisista pone sé stesso al centro dell'attenzione, parla e non fa parlare o comunque non ascolta gli altri, mostrando così la sua poca considerazione del prossimo. Il suo bisogno di ammirazione, di essere lodato e considerato, è comune a tutti i tipi della Personalità Narcisistica. Anche il N. Covert, che sembra timido e poco sensibile agli incensamenti, è roso dalla voglia di essere messo sul piedistallo. La sua timidezza è solo una maschera, ma l'ammirazione e la considerazione servono anche a lui, come a qualunque altro tipo di Narcisista, per poter esigere da tutti coloro che ha intorno quello che lui vuole e che lui sente di meritare più che gli altri.

Con queste premesse, le relazioni che cercherà e poi vivrà non potranno essere che a senso unico, non saranno né affettive né sane, e porteranno notevoli disagi alle partner a cui si accompagnerà, e che diventeranno, sotto tutti gli aspetti, le sue vittime. Ma il copione sarà sempre lo stesso: il Narcisista si troverà a cambiare partner, a lasciarne una e intraprendere relazioni con altre e a ritornare poi a riallacciare precedenti rapporti.

Lo schema dei suoi rapporti con le partner si può schematizzare con un *ciclo dalle dinamiche sempre uguali*. Il Narcisista è quindi da considerare, sotto questo punto di vista, *molto prevedibile*.

Le Partner:

Le Personalità Narcisistiche tendono ad avere molte relazioni con donne, che ai loro occhi assumono un valore molto diverso per ordine d'importanza. Costruiscono dunque una specie di *gerarchia* che diversifica le partner e che possiamo riassumere in questi termini:
Sulla cima di questa scala gerarchica c'è la *prescelta*, che solitamente è la moglie, la compagna o la fidanzata ufficiale. Nonostante venga denominata "**prescelta**", questa figura è in realtà *la Vittima per eccellenza*, la più angariata e più denigrata. Accanto a lei ci sono altre figure, come l'"**amante**", che in realtà svolge la *funzione di preferita dell'harem*, incarnando il suo ideale estetico di donna e verso cui ha una infatuazione, una fascinazione fisica, che può durare nel tempo. L'amante è la figura di cui il Narcisista si vanta in pubblico, di cui parla agli amici, come fosse un trofeo per le sue gesta di conquistatore. Oltre queste due figure ci sono le "**satelliti**", che lui reputa invece molto poco, ma che gli servono -come del resto le altre- per

l'accrescimento della sua autostima. Anche i N. Covert possono avere relazioni multiple e segrete, per la soddisfazione di stimoli esterni, come ad esempio possono essere quelli omosessuali.

Tra le *satelliti* si possono considerare anche le prostitute, che piacciono molto al Narcisista (soprattutto al N. Overt) perché rappresentano il *non plus ultra* per la pratica di un sesso esente da qualsiasi complicazione sentimentale, lontano da qualsiasi legame e responsabilità.
Il N. Covert ha una predilezione (associata ad un complesso edipico mai risolto) per le donne più grandi o più anziane, solitamente appartenenti a classi sociali ed economiche più alte, che sfrutta in modo subdolo, economicamente e per scalare posizioni professionali o per elevarsi socialmente.

Il Ciclo Narcisista:

Un tratto tipico della psicologia del Narcisista di ogni tipo è la sua predilezione *per vivere le sue relazioni ciclicamente*. È una sua caratteristica che lo rende molto riconoscibile, rispetto a chi soffre di patologie simili.
Questa sua *"ciclicità"*, come potremmo anche chiamarla con un certo azzardo, ha come conseguenza l'aumento del numero delle sue relazioni affettive. Vediamo, magari schematizzando e semplificando un po', come funziona il sistema dei rapporti del Narcisista tramite un *racconto,* costruito sulle basi di un fatto reale, che può essere letto come un compendio dei suoi comportamenti tipo. In questo caso prenderemo come esempio una personalità di Narcisista Overt.

Il Narcisista Overt S.T. ha quarantadue anni, vive da ben sei anni con una moglie di trentotto che è la sua "prescelta", ovvero la sua Vittima preferita. L'ha conquistata sette anni prima, grazie a una corte spietata, elargendo una gran quantità di regali, profferte di amore eterno, due viaggi in località esotiche. Si sono lasciati tre volte e tre volte sono tornati insieme, ma sarebbe più esatto dire che lui ha lasciato lei, tornando poi ogni volta con promesse di cambiamento e facendole ancora la corte, con grandi esternazioni di affetto, tali da non farle rimpiangere quella che la conquistò la prima volta.

Lei, dopo un periodo di grande sofferenza, si era ormai finalmente decisa a proseguire per la sua via. Eppure, quando lui l'aveva lasciata, l'aveva cercato disperatamente, l'aveva tempestato con messaggi, telefonate e altro, ma lui aveva fatto di tutto per evitarla. Ed ecco che, proprio quando era riuscita a tagliare i ponti e cominciava a pensare a una nuova vita senza di lui, ecco che lo vede riapparire in tutta la sua gloria, carico di regali e promesse.

Per tre volte si è lasciata convincere, sperando che fosse finalmente la volta buona, con l'illusione che fosse cambiato e che finalmente l'avrebbe amata.

E invece, dopo il Love Bombing iniziale, S.T., da entusiasta "innamorato", cambia fino a diventare scostante, offensivo e anche cattivo. Passa da una fase di iper-idealizzazione della partner, ad una sua iper-svalutazione. In verità, è lui, così spavaldo, che ha una grande paura di essere abbandonato, ed è per questa paura così grande che scarta e lascia, per scongiurare quel suo incubo che possa essere la partner ad abbandonarlo, lei per prima.

S.T. dopo il primo innamoramento, dopo un periodo di passione si trova deluso. Le sue aspettative nella donna che è ormai sua moglie da anni sono state mal riposte, e lo riscopre per più volte; si sente, finito il periodo iniziale dove si sente coinvolto, nuovamente ingannato e scontento,

perché sente che lei non ha soddisfatto appieno i suoi bisogni. Prova risentimento nei confronti di lei, cerca lo svago con altre, con donne da cui possa sentirsi apprezzato di più e a pieno, voluto, desiderato, ascoltato e coperto di ammirazione.

Ma ecco che, quando ormai lei non lo cerca più, qualcosa cambia nella sua mente: perché, dopo l'abbandono, quando la moglie, ormai rassegnata, ha smesso di cercarlo, quando ha iniziato ad essere lei a non rispondere alle chiamate, le cose ancora una volta cambiano. Non sopportando di avere perso il controllo che aveva sulla moglie, S.T. ritorna perciò alla carica, cercando di rimettersi con lei. Lei capitola e lui inizia nuovamente con il suo comportamento ciclico: dopo un breve periodo di infatuazione, ricomincia per lui il fastidio, la tentazione di denigrarla, fino ad un nuovo abbandono.

Il fatto di non voler perdere il controllo delle varie partner, lo induce a tornare anche con quelle donne con cui ha avuto storie brevi, più o meno intense dal punto di vista sessuale.

Poi accade che incontra una preda per lui molto appetibile, perché risponde sotto molti punti di vista ai suoi canoni di bellezza e fascino. È una donna sposata, emancipata, con una vita intensa e piena di impegni: è il tipo di donna che ha un'altissima capacità di sedurre un N. Overt come S.T. e che, al primo approccio, l'ha addirittura rifiutato, creando un precedente di molto fascino per lui.

Niente vieta che questa amante possa essere presto scalzata da un'altra, di solito più giovane, più bella e più ricca, più indipendente e fascinosa. La seconda scalzerà la prima, come amante, ovvero come ossessione principe della vita di S.T., ma nulla vieta che lui possa ancora tornare dalla preda precedente, declassandola però, nella sua testa, al rango di semplice satellite.

Non solo con la moglie, ma, anche con l'amante, è un alternarsi di ricerca e fuga: un ciclo che si incastra con quelli che scandiscono i tempi delle altre relazioni, con la moglie (la "prescelta" e vittima preferita) e

*le satelliti, tra cui ci sono anche delle prostitute, con cui S.T. si libera
dall'incubo di sentirsi legato e di avere qualche obbligo fastidioso.*

*Ecco, la vita di S.T. funziona, ma possiede il precario equilibrio di un
castello di carte. Tutto funziona in base alle relazioni che vive con i
ritmi di questi cicli; ma il castello potrebbe cadere in un attimo, perché
rovinato da un rifiuto, un abbandono della moglie vittimizzata o
dell'amante, tutte azioni che potrebbero scatenare emozioni forti in lui,
che non sopporta per sé alcun rifiuto.*

Per il Narcisista è da considerare molto più rovinosa, come
caduta, quell'evento, molto tragico per lui e per chi gli è
vicino, che viene chiamato "Acting Out".

Lo **"Acting Out"** si verifica quando il Narcisista si trova ad
essere smascherato davanti al suo pubblico, quando cioè
l'immagine grandiosa che lui si è costruito, per qualche
ragione viene sbugiardata rovinosamente. Il suo mondo
crolla e la sua reazione si può descrivere come una *grossa
perdita di controllo, impulsiva e a volte persino violenta*. Nel caso
dello Acting Out di un Narcisista Maligno, le conseguenze
possono diventare veramente pericolose per chi gli sta
accanto, e quindi, in questi casi, bisognerebbe stare molto
attenti a non rischiarne l'innesco.

Se vogliamo spiegare il perché di reazioni così forti da parte
del Narcisista, possiamo prendere in prestito
l'interpretazione che Jung dà a riguardo e che mette in
evidenza la *paura che queste personalità hanno di rivelare la loro reale
natura*, così differente da quella che si sono costruiti per sé
stessi e per il loro pubblico. A sostegno di tutti coloro che
considerano di prioritaria importanza le cause ambientali
della patologia, Jung spiega come *i Narcisisti non vogliono
assolutamente svelare la loro vera identità, per non svelare quanto essa*

sia in realtà fragile. Tutto questo, Jung lo fa derivare da quella mancanza di empatia della madre nei loro confronti e vissuta da loro con dolore durante l'infanzia: questa mancanza di empatia ha generato quel complesso di inferiorità affettiva che li porta ad esorcizzare la forza dell'altro, tramite la costruzione di un io grandioso. E guai a chi glielo rovina…

Relazioni tossiche:

Abbiamo visto prima, come nel Ventaglio Narcisista si possano trovare numerose varianti. La patologia presenta forme di gravità minore o maggiore, come tipi di personalità che possono avere caratteristiche più pericolose di altri, come il Narcisista Maligno e, sotto certi aspetti, anche il Narcisista Covert.

In genere, tutte le forme di narcisismo portano la relazione a un grado di tossicità elevato e i pericoli sono a carico soprattutto di chi ricopre il ruolo di moglie o compagna "ufficiale", tanto da essere chiamata, nella letteratura riguardante questa materia, drasticamente, **"Vittima"**. Questo perché l'atteggiamento denigratorio, le capacità di manipolazione, le bugie, l'attacco sistematico all'autostima di questa, portano presto la Vittima a vivere condizioni molto difficili. Chi si era presentato come un *principe azzurro* è diventato un denigratore seriale, che le risucchia le energie, che mente e tradisce, accusando lei delle sue difficoltà e dei suoi mali. Ma soprattutto il Narcisista si è rivelato privo della capacità di amare, di comprendere e di aiutare chi gli sta accanto.

In linea di massima ci si augura che, una volta riconosciuta la patologia narcisistica e appurate le difficoltà di ogni genere vissute nel rapporto, la Vittima si allontani quanto prima, troncando il legame, evitando così altri dolori e, in certi casi, anche i veri e propri rischi per la sua incolumità che potrebbero presentarsi.

Ma… non è così semplice, perché, in certi casi, il Narcisista ha scelto la sua preda con meticolosa cura (molto abile in questa operazione, ad esempio, è, più di ogni altro, il N. Covert), cercandola *tra chi mostra le caratteristiche di chi possiede una dipendenza affettiva*. Queste persone hanno capacità di sopportazione superiori alla media e un animo tanto romantico da travisare quel grande spettacolo (in parte recitato) del Love Bombing, in una formidabile e indimenticabile esternazione d'amore. Le vittime più vulnerabili ricordano quei momenti come esaltanti e magici, capaci di far passare in secondo piano tutte le angherie vissute nel seguito del rapporto. Proprio per queste loro caratteristiche, il N. ha buone probabilità di successo di riagganciare i rapporti nonostante il suo comportamento denigratorio e i suoi abbandoni.

Capitolo IV

Manipolazione emotiva

Come già scritto in precedenza, *la manipolazione è un tratto tipico di tutte le personalità narcisistiche*. In un modo o in un altro, il narcisista utilizza tecniche di manipolazione -che ha elaborato fin dall'adolescenza- senza quasi accorgersene, istintivamente. Le usa molto spesso, perché queste tecniche sono le più utili per arrivare al suo scopo principale: *il costante bisogno di nutrire e gratificare l'autostima.*

Relativamente al grado di consapevolezza, chi è affetto da Sindrome della Personalità Narcisistica si mostra intenzionale o istintivo, per quanto riguarda il suo comportamento manipolatorio. La manipolazione intenzionale, preordinata e pianificata, è tipica soprattutto del N. Maligno e, in molti casi, dell'N. Overt.

Comunque sia, per raggiungere il suo obiettivo, per un N., non c'è miglior mezzo che la manipolazione, che viene usata in diverse modalità nei confronti del suo pubblico e, in maniera massiccia, nei confronti della sua vittima preferita, rappresentata di solito dalla moglie o la compagna. Non per puro odio nei suoi confronti, ma perché lei è la persona da cui si aspetta di ottenere quella dipendenza-sudditanza che più lo gratifica, quella che alimenta più di tutti la sua autostima.

Gli effetti di queste manipolazioni sono molto efficaci, anche perché il Narcisista è generalmente molto abile nel praticarle: chi è manipolata arriva dunque ad essere indebolita, soprattutto per quanto riguarda la propria autostima, e avverte confusione, impotenza, depressione e ansia.

Si ritrova dunque indebolita, svuotata di energia, preda perfetta del Narcisista manipolatore che raggiunge in questo modo il suo obiettivo intermedio -il *controllo della vittima*- per ottenere poi, in un secondo momento, quello principale *dell'accrescimento della propria autostima.*

Le tattiche di manipolazione sono molto diverse tra loro, quindi daremo un'attenzione specifica alle diverse voci, cercando di capire quali siano i meccanismi di pensiero del narcisista dietro ad ognuna di queste. Per questo faremo un piccolo elenco che potrà essere consultato velocemente.

Dunque, a seguire, troverete le **Tecniche Manipolatorie** associate alle varie personalità narcisistiche, anche se è bene ancora ricordare che il Narcisismo Patologico ammette eccezioni, non presentando comportamenti rigidi:

Love bombing: l'abbiamo già incontrato, ma qui dobbiamo vederlo soprattutto *come tattica, particolarmente efficacie e convincente, funzionante da trappola iniziale all'interno della relazione.* Il Love Bombing, infatti, non solo **affascina e convince alla resa la vittima** durante la prima parte della relazione (o dei vari "ritorni"), ma **rimane nella memoria** della vittima, riuscendo a cancellare le brutte esperienze che questa accumula durante le fasi della denigrazione e poi dell'abbandono. *Come manipolazione, a breve termine mira al guadagno del consenso e ad affascinare la vittima,* ma nel lungo periodo diventa *un chiodo difficile da estrarre, diventa quel ricordo nostalgico delle belle esperienze vissute insieme* a cui si appellerà il Narcisista, quando tornerà alla carica nei suoi ritorni dopo gli scarti.

Lusinghe: fanno parte integrante del Love Bombing del N. Overt, del N. Carismatico, ma con toni e in un contesto diverso rientrano anche nell'approccio iniziale di un N.

Covert timido, non propenso a manifestazioni eclatanti e sopra le righe. In questo caso, rientrano in quella seduzione tipica del personaggio che si finge sensibile ed empatico, colto, riservato e malinconico. Insomma, *le lusinghe sono componenti essenziali del gioco seduttivo, ma coprono un ruolo forse più importante nell'approccio del N. Covert,* che si serve di questi mezzi per stanare la sua preda e capire se risponde alle sue aspettative. Tramite le lusinghe e i complimenti, sonda il terreno, carpisce informazioni, essendo alla ricerca di una donna docile, sottomessa e capace di sopportare le sue subdole (più di quelle degli altri Narcisisti) esigenze.

Denigrazione e svalutazione: tattiche manipolative comuni a tutti i Narcisisti. Dopo un primo momento positivo del rapporto -di timido quanto suadente corteggiamento per il N. Covert, di grandioso sfoggio di attenzioni per le altre tipologie di Narcisisti- finito il tempo delle luci e delle lusinghe, arriva il momento delle ombre: inizia infatti *un'opera di costante denigrazione della partner.* Addosso a lei arrivano giudizi di inadeguatezza di ogni tipo. La partner non è vista più all'altezza per quanto riguarda bellezza, fascino, eleganza, intelletto, rapporti sociali. Praticamente, le vengono rinfacciate al contrario tutte quelle qualità che inizialmente sembravano aver affascinato il Narcisista: se prima il N. diceva di apprezzare la sua cucina, ora la trova pessima, se prima era estasiato dalla sua grazia e dalla sua eleganza, ora la trova brutta e sciatta. Viene svalutata, venendo sminuita delle sue qualità oggettive, come quelle professionali, intellettuali, artistiche e di linguaggio. Questa manipolazione ha il chiaro intento di ledere l'autostima della vittima, che, presa da ogni sorta di dubbi e vergogne, si sente indebolita, avvilita e chiusa in sé stessa.

La sua autostima è bassa e, di questo, il Narcisista si bea per il divario con la sua, che invece è arrivata -anche grazie a questa attività manipolatoria- ad essere altissima. *Umilia la propria partner per sentirsi superiore.* Quando si dice che lui si nutre dell'energia della vittima, lo si può leggere proprio in questi termini: la sua autostima fagocita quella degli altri e della sua vittima prescelta in particolare.

Distorsione della realtà: questo tipo di manipolazione risulta veramente subdola, in quanto *porta la Vittima a dubitare delle sue capacità mentali.* In questo modo la partner affonda la considerazione che ha di sé ed è ancor più preda del Narcisista.

I Narcisisti, come quelli considerati **Cerebrali**, praticano forme complicate di distorsione della realtà per raggiungere i loro scopi, proprio perché puntano essenzialmente a *dimostrare le loro superiori capacità mentali.* Con il tipo di manipolazione, subdola e sofisticata, chiamata "Gaslighting" (il nome è tratto da un film del 1944 che trattava l'argomento) il N. Cerebrale cerca di *falsificare la realtà,* alterando a suo modo discorsi, idee e avvenimenti riferiti alla Vittima, oppure confonde gli altri per nascondere o giustificare le manipolazioni che opera o ha operato. Forme così contorte e sofisticate di manipolazione possono essere attribuite a narcisisti considerati Covert, come anche ai Maligni.

Colpevolizzazione: il Narcisista rigetta tutte le cause del suo malessere sulle spalle della partner. Abilmente, si impegna a caricarla di sensi di colpa, compiendo così una manovra che lo porta verso una posizione di ulteriore grande vantaggio. Caricandola di un senso di colpa, blocca le eventuali azioni che lei potrebbe prendere contro di lui e aprirà dopo la strada alle nuove iniziative di riappacificazione del Narcisista, che si rende meno colpevole agli occhi della partner, mentre questa arriva ad incolparsi, addirittura di mali che lui le ha fatto.

Durante il cosiddetto *Ciclo Narcisistico*, una volta concluso il Love Bombing, chi è affetto da sindrome narcisistica colpevolizza la Vittima, dando a lei la colpa dell'abbandono da lui stesso prima eseguito, adducendo che è stato il comportamento di lei a spingere lui a lasciarla. Chiaramente, è un espediente volto ad *aumentare i sensi di colpa della Vittima e a indebolirla psicologicamente*.

Vittimismo: il Narcisista -e in modo molto efficace il N. Covert- è capace di presentarsi come la vittima. Quest'azione manipolatoria lo avvantaggia su diversi punti: si pone al centro dell'attenzione, cattura la simpatia delle persone più empatiche (che sono vittime ottimali, per lui), svia il suo interlocutore dal crederlo un predatore facendogli abbassare le difese, minimizza le critiche di chi gli sta intorno e, con le persone conosciute da poco, aiuta ad alleggerire il loro giudizio di accettazione. Il vittimismo è una maschera, ovvero una delle componenti caratteriali simulate dal N. Covert che ne fanno, veramente, *un lupo in veste d'agnello*.

Timidezza e buoni sentimenti: sono simulati -soprattutto dal N. Covert- durante l'approccio alla vittima. Fanno parte della manipolazione perché alterano il giudizio e -come il farsi vittima- abbassano le difese psicologiche di chi cade nella rete del Narcisista, spingendo la vera Vittima a costruirsi un'immagine inoffensiva e sbagliata di lui.

Spinta all'isolamento: in modo lento e inesorabile, chi è affetto da sindrome narcisistica spinge la propria Vittima a isolarsi. La spinge a tagliare i ponti con amici, parenti stretti, colleghi, ovvero con tutte quelle persone a lei vicine che potrebbero fornirle aiuto, conforto e consigli. Il Narcisista si preoccupa così di avere campo libero, di non avere nessuno che possa ostacolarlo nel raggiungere il pieno controllo della propria partner, che si sentirà sola, confusa e indebolita.

Gelosia: il N. si mostra geloso, perché vorrebbe che la Vittima vivesse in piena funzione sua. Come geloso, impone alla partner divieti e privazioni, nel vestire, chi e quali posti frequentare. In questi casi, però, è una forma che sottintende una manipolazione indirizzata ad isolarla e, quindi, a causare un indebolimento psicologico del partner, per effettuare così un suo pieno controllo.

Capitolo V

Proteggersi da un narcisista

Tutto quello che si è scritto finora dà un'idea di quanto sia problematico vivere e interagire con una persona afflitta dal Disturbo Narcisistico della Personalità. Eppure, se non si sceglie la via più semplice, ovvero quella di *scaricare il prima possibile il Narcisista* appena viene riconosciuto come tale, praticando per primi l'abbandono -e anticipandolo così- oppure approfittando di un suo abbandono per svincolarsi definitivamente dalla relazione tossica, l'altra via che resta è quella di *cercare di combatterlo*.

Bisogna premettere che *la lotta si rivela*, in ognuno di questi rapporti, una scelta ardua, *molto faticosa e quasi mai realizzabile*. Ma, comunque, esistono rari casi in cui una vittima sia riuscita a controbattere al N., arrivando a mettere in chiaro da subito alcuni presupposti per continuare a vivere un rapporto che resterà, per ovvie ragioni, comunque complicato e difficile.

Chiaro che, molto della riuscita in questa battaglia (perché si tratta di una vera battaglia…) è dovuto alla personalità della Vittima che, per poter tenere testa al N., deve comunque avere delle caratteristiche particolari che siano in grado di aiutarla.

Iniziamo dal presupposto che sia, in ogni caso, difficile interagire col Narcisista, perché, una volta finita la prima fase -nella quale si mostrava al meglio di sé, così entusiasta e così preso dalla nuova relazione- affrontarlo sarà un'impresa, visto che da subito inizia il suo lavoro indirizzato alla sistematica demolizione dell'autostima della vittima, con quel processo che comincia con l'opera di denigrazione.

Da quel momento, la vita in comune è segnata dal rifiuto del Narcisista di accollarsi una qualsiasi responsabilità, pur volendo il controllo della vittima. Denigra la partner, ma si arrabbia molto se criticato e, manipolando la realtà, riesce a fare in modo che il torto e la colpa risultino solo della vittima, che così vive una situazione stancante e oppressiva, molto difficile da portare avanti. Con la manipolazione detta *gaslighting,* il N. si impegna in un'opera di subdola alterazione della realtà, confondendo la memoria della vittima con racconti falsi di azioni e discorsi fatti da lei, portandola a dubitare di lei stessa e del suo equilibrio mentale.

Eppure, nonostante questo sia il quadro di una situazione difficile, ci sono alcune azioni da compiere per cercare di arginare i comportamenti più lesivi della persona affetta da narcisismo patologico.

In alcuni casi, la Vittima può dunque contrattaccare, prendendo l'iniziativa e opponendosi -oltre che pensare a difendersi soltanto- toccando i punti nevralgici del N. che sono sostanzialmente due: *la sua autostima e la sua attività manipolatoria.* Vediamo una serie di azioni utili:

Rimanere calmi: il Narcisista *cerca sempre di provocare emozioni* e l'agire con calma e freddezza da parte della Vittima lo disorienta, avendo la sensazione di perdere il suo controllo su di lei. Ricordiamoci che *il N. si nutre delle emozioni della partner*; sono infatti i sentimenti, l'empatia e le gratificazioni di lei, che concorrono ad accrescere l'autostima del N. Mostrare poca o nessuna emozione lo depotenzia.

Prendersi cura sé: la Vittima del Narcisista è sottoposta invece a una pesante azione di lui volta ad abbattere sistematicamente l'autostima di lei, con il risultato che il morale e l'idea stessa che ha di sé vengono messi in crisi. Un buon antidoto, per Vittima, può essere trovato nella volontà di andare contro corrente, risvegliarsi dalla abulia e dalla confusione provocate dalle manipolazioni, con invece la precisa volontà di aver cura di sé. Magari forzandosi, è necessario, per la Vittima, allontanarsi da lui e trovare il tempo di ritagliarsi spazi, quindi magari imporsi, con disciplina, di fare attività fisica, meditare e compiere ogni giorno tutte quelle attività che possono procurarle gratificazione. Aver cura di sé aiuta a *ritrovare la propria forza*, tenendo lontano lo spettro della depressione a cui, alla lunga, induce il comportamento del N.

Diventare più forti: come detto prima, si deve essere in grado di ritrovare la propria forza, anzi, è necessario essere più forti di prima. Questo perché il N. ha scelto con attenzione la propria preda, cogliendola, durante il loro primo incontro, in un periodo in cui era particolarmente fragile (come dopo un lutto, ad esempio) oppure, avvertendo in lei una propensione caratteriale alla cura degli altri e all'empatia, conta non proprio sulla debolezza psicologica ma sulle sue (positive) caratteristiche caratteriali. La vittima deve perciò acquisire una tempra e una decisione che prima non aveva, cercando di limitare la sua naturale propensione all'empatia, di cui ha approfittato il N. per tutto il periodo del rapporto. *Deve recuperare anche un po' di sano e protettivo egoismo.*

Cessare di nutrire il suo ego: riuscire a fermare il meccanismo per cui la Vittima gratifica il N. con delle conferme per la sua autostima. Pensare a tutte le azioni, le frasi, e anche le abitudini che portano all'aumento del suo ego e cessarle.

Rinforzo positivo: se la Vittima pensa di effettuare un'azione di contenimento sui comportamenti che più la colpiscono, dovrebbe far notare al N. le cose che funzionano nella relazione e che accetta da lui, ma per sua vera scelta, usandole per indirizzare il Narcisista su un sentiero dove potrebbe esserci un accordo tra i due. Per fare questo, bisogna però fare attenzione, pensando bene quali siano i propri veri e reali desideri, e non accettando quelli che sono stati invece influenzati dalla manipolazione del N.

Stabilire dei limiti: si deve cercare di limitare la capacità di manovra del N., *trovando ambiti e spazi dove non riesca ad entrare, mettendo dei paletti certi e sicuri*. Questo comportamento fa sì che possa essere contenuta la sua capacità di manipolazione, in quanto gli limita in partenza la libertà d'azione. Il N. vorrebbe mantenere il controllo di tutto e il capire che alcune zone gli sono precluse lo mette in crisi. Stabilire dei limiti potrebbe essere anche la prima azione compiuta dalla Vittima per cercare di prendere man mano più autonomia, per prendere anche il coraggio di chiudere una relazione tossica.

Mantenere le distanze: nel senso di evitare la presenza del Narcisista, tenerlo lontano, non soltanto cercando spazi propri, ma *sperimentando la lontananza dalla sua persona.* Vuol dire, per la Vittima, recuperare ancor più autonomia e, col *silenzio*, fargli percepire la disistima nei suoi confronti, o almeno di non essere più il centro dei propri pensieri. Questo lo danneggia e lo agita, perché colpisce profondamente la sua autostima.

Cercare l'aiuto degli altri: il Narcisista cerca di isolare la sua Vittima. La tiene lontana dalla famiglia, la isola dai vecchi amici e compie questo per diverse ragioni, prima tra tutte quella di indebolirla psicologicamente per poi mantenere più facilmente il controllo. Per questo è importante non cedere al suo gioco, *cercando invece aiuto dalla propria cerchia di amici e dalla famiglia*, ovvero con le persone con cui la Vittima sa di poter parlare e su cui sa di poter contare in ogni caso. In molte testimonianze, si trova spesso la situazione nella quale, ad accorgersi del comportamento nocivo del N. non è la Vittima, ma proprio qualcuno della sua cerchia familiare o amicale. Sono queste figure che riescono talvolta a far capire la realtà del suo stato a chi subisce in prima persona il N. *Sarà comunque meglio che sia proprio la Vittima stessa, quando lo riterrà necessario, a decidersi nell'interpellare un terapeuta per sé, prima ancora che per lui*. Sono note, infatti, le difficoltà che il Narcisista prova nell'accettare di intraprendere una qualsiasi terapia psicologica.

Difendere le proprie opinioni: di fronte al Narcisista, bisogna avere il coraggio di difendere le proprie opinioni, ma sempre con molta calma. *Non si cada però nel tranello della discussione*: l'abilità del N. è molto pericolosa perché potrebbe ribaltare le sorti dell'azione positiva appena iniziata.

In questo caso si rischia di innescare un'altra delle sue manipolazioni.

Usare l'umorismo: sopportare la denigrazione, magari continua, le bugie e i giri di parole del Narcisista è senz'altro molto difficile, ma disinnescare il peso delle sue frasi tramite dell'umorismo spunta le sue armi, facendolo sentire meno grande e più vulnerabile. *L'ironia è un'arma che funziona molto bene contro la sua autostima.*

Utilizzare il silenzio: è una strategia che spiazza il Narcisista, che non riesce a comprendere il pensiero della vittima e vede limitata la sua capacità di manipolazione. Ma, soprattutto, è ancora più importante stare attenti e **non raccontarsi**. È molto importante che *non gli venga data la minima possibilità di raccogliere informazioni, durante le conversazioni,* i post sui social, le telefonate quando lui è presente, anche se distante, etc. Ricordiamo che, il N., seppure privo dell'empatia affettiva, possiede però una notevole empatia cognitiva ed è abilissimo nel procurarsi e gestire qualsiasi tipo di notizia riguardo la sua Vittima. Queste conoscenze sul come vive, quali siano i suoi gusti e le sue aspettative gli danno maggiori possibilità di controllo sulla Vittima. Egli svolge una vera indagine sulla preda prescelta, per arrivare a conoscere i punti deboli che sfrutterà a suo vantaggio e su cui costruirà le sue manipolazioni.

Non accettare provocazioni: la Vittima deve lasciare che le provocazioni cadano per conto loro, non deve abboccare all'amo. Anche in questo caso, utilizzare il silenzio è molto utile. Il silenzio lo depotenzia, soprattutto quando è palese la sua intenzione di provocare, con sue frasi atte ad istigare, una grossa reazione da parte della vittima.

Gray rock: una tattica sofisticata da usare contro il N. è quella chiamata del "Gray rock" (pietra grigia). Consiste nell'interagire con lui il meno possibile, *rispondendo molto seccamente e alle sole domande dirette, senza far trasparire emozioni o una qualche partecipazione ai suoi discorsi*. L'obiettivo è quello di funzionare come una pietra inanimata, come dice il nome in inglese che significa "roccia grigia", per non far trapelare nessuna di quelle emozioni di cui il N. si nutre.

Questa è una tattica che la vittima può usare, quando si trova *nella difficile situazione di non poter smettere di frequentare del tutto il partner patologico*, come in situazioni dove è obbligata a restare in contatto con lui, perché ha figli con lui, magari perché lavora nello stesso posto o perché lui si trova comunque inserito nello stesso ambito familiare o amicale.

Sottrarsi alla relazione: bisogna considerare che il N. è rimasto un bambino, a livello affettivo, e, se si vuole cominciare a colpirlo, bisognerebbe agire come un adulto quando psicologicamente fa del male a un bambino, ovvero mediante l'**assenza**, con il ritrarsi dalla relazione affettiva. Con questo atteggiamento, non si fa altro che rinverdire la Ferita Narcisistica, mettendo in crisi il N. adulto.

Punire i suoi comportamenti: trattare il N. esattamente con gli stessi metodi con cui si tratta un bambino capriccioso e maldestro, quale lui è rimasto, almeno a livello emozionale. Quindi punirlo, per ciò che di male ha fatto. Una punizione può essere presentata in questo modo: "*tu ti sei comportato male* *ed io ho deciso di non vederti"*. Punizione ottima, perché assolve a più funzioni: quella di specificare il comportamento sbagliato, quello di reagire con qualcosa di drastico come il silenzio e l'assenza, molto dolorose per il N., e quello di evitare le sue scuse e le sue bugie manipolatorie.

Puntare a criticare la sua autostima: tutto ciò che fa il N. si risolve in una serie di attività impegnate strenuamente ad aumentare la sua autostima, perché, anche chi di loro appare come il più egoico e grandioso, combatte ogni giorno con l'incubo di nascondere una autostima che, nel profondo del suo io, rimane molto bassa. *Accusarlo di insicurezza, di essere permaloso, rinfacciandogli poi di avere scarsa autostima*, è un metodo molto efficace per colpirlo con l'intenzione di rovesciare, anche solo momentaneamente, il rapporto di forza instaurato tra lui e la Vittima.

Abbiamo visto una serie di comportamenti atti a proteggersi dal Narcisista, partendo dai più blandi fino ad arrivare a quelli dove la Vittima già tenta di cambiare registro, per trovare la forza di imporsi, con atteggiamenti sempre più severi.

Per ultimo lasciamo quello che, evidentemente per molte ragioni, resta il più difficile da affrontare per la Vittima, pur essendo *quello con più possibilità di risolvere la situazione*.

Essere disposti a troncare il rapporto: quando la situazione è tossica, è necessario *avere il coraggio e infine decidere di troncare* una situazione senza sbocco e senza futuro. Bisogna avere il coraggio di cercare delle alternative e *pensare a un futuro migliore*, senza farsi abbindolare dai fantasmi di un passato che viene costantemente manipolato dal Narcisista, con l'intenzione di farlo sembrare più roseo di quello che è mai stato. Messo alle strette, con la paura di essere lui *quello che viene abbandonato* (e non lei, come al solito) cercherà di intenerire la Vittima con il ricordo dei "*bei momenti passati insieme*": una trappola da evitare assolutamente!

Capitolo VI

Liberarsi da un narcisista

Nel capitolo precedente abbiamo trattato della possibilità, da parte della Vittima, di arginare i comportamenti del N., fino a praticare una serie di *azioni che si possono già considerare di vera opposizione*. Sono tutti comportamenti standard, che la Vittima dovrebbe tenere se vuole dare una risposta efficace contro quelli che il N. opera per raggiungere ai suoi fini. Queste della Vittima, sono azioni volte anche a capire quali siano effettivamente le reazioni del Narcisista davanti alle iniziative mirate a ledere la sua autostima, aiutando così a *scegliere quelle che veramente funzionano per abbattere il suo potenziale negativo.*

Raggiungere il risultato di *liberarsi del rapporto con il N.* rappresenta però un obiettivo più ambizioso e difficile, perché parte dal presupposto che la Vittima stia già facendo un percorso introspettivo utile a sopportare il dispendio di energia e i pericoli che sentirà sorgere, non appena avrà deciso di troncare definitivamente la relazione con il Narcisista.

Chiudere una relazione tossica non è cosa per niente facile, perché, il più delle volte, si tratta di uscire da una situazione dove il N. svolge un'azione totale di controllo e dominio. Tutto il lavoro che il N. svolge per tenere a sé legata la partner risulta per buona parte mirato alla manipolazione, eseguita per far abbassare l'autostima e la forza psicologica della persona che gli sta accanto. Vero vampiro psichico, il N. punta a indebolire la vittima per poi esercitare maggiore controllo e gratificare così la sua autostima a scapito di quella della partner.

Se, davanti a questo quadro difficile e faticoso, la vittima decide finalmente di agire, perché esasperata da una situazione debilitante e tossica, ebbene, *dovrà cercare per prima cosa di rafforzarsi, per gestire con nuove energie e polso fermo la situazione*, puntando a troncare nettamente la storia affettiva. Ma *la lotta più grande dovrà farla proprio con sé stessa*, per vincere in primo luogo la sua condizione di dipendenza affettiva e migliorare le sue condizioni psicologiche, nelle quali da tempo regnano rabbia, confusione, e senso di impotenza.

Un percorso obbligato:

Il primo impegno che dovrà assumersi sarà quello di lottare contro sé stessa, contro le abitudini acquisite durante il rapporto tossico con il N. Perciò dovrà avere il coraggio di praticare l'**introspezione**, per capire le ragioni e le origini delle sue debolezze, e di lottare contro i propri fantasmi. Il N. ha operato un lungo lavoro di manipolazione, con l'intento di diminuire alla partner l'autostima e di approfittare delle sue emozioni e della sua empatia, rubando quindi alla vittima quello che al suo io narcisista manca del tutto.

La Vittima ha dovuto vivere situazioni dove si è vista abbandonare, per poi essere riavvicinata; si è sentita corteggiata, adulata e poi, subito dopo, denigrata.

Una manipolazione l'ha indotta a *considerarsi inadeguata, incapace, con il risultato di sentirsi arrabbiata e impotente*. Una grande confusione si è impadronita di lei, vedendosi accusare che quello che diceva e aveva detto in passato era del tutto inventato, non vero, finendo *per essere presa da ogni genere di dubbi sulla propria persona e sulla propria sanità mentale*.

Se vuole riemergere da un simile stato, deve riuscire a rialzare la testa, e considerare la realtà delle cose, anche chiedendo aiuto ad altri, quelli della sua cerchia, gli amici o le persone di famiglia, tutti quelli con cui ha legami d'affetto vero, che il N. cercava di allontanare da lei, perché puntava sulla sua solitudine per indebolirla.

Il percorso, si diceva, è lungo e difficile. Recuperare la forza per opporsi al N., per rifiutare le angherie, come anche le smancerie che accompagnano un suo nuovo tentativo di riavvicinamento -ricordiamoci il *ciclo narcisistico*- è il primo passo per riprendersi in mano la propria vita.

Bisogna affrontare i fantasmi e riconoscere il come e il perché delle debolezze sorte e accumulatesi durante il rapporto. Conosciuto il *nemico*, la Vittima deve avere la forza di lavorare per recuperare l'autostima che era stata sminuita sistematicamente dal N. Un primo obiettivo è quello di **valorizzare sé stesse**, trovando anche delle gratificazioni, cominciando con le piccole cose, dandosi nuovi impegni e nuovi interessi, puntando a costruirsi una propria autonomia, per *liberarsi da qualsiasi dipendenza affettiva* che la porterebbe verso una nuova debolezza. È il percorso dei piccoli obiettivi, facili da realizzare, quelli che segnano le tappe, gradino per gradino, di una vera rinascita; un semplice metodo utilizzato anche contro alcune forme di depressione.

Si provi allora a sviluppare anche una propria **rinascita creativa**, cercando di immaginare per sé un nuovo futuro, una nuova vita, in ogni ambito oltre quello affettivo, facendo tesoro della brutta esperienza, per non farla diventare una zavorra, un incubo triste da portare dietro.

Una autostima ricostruita, l'indipendenza emotiva e

l'autonomia personale, aiutano a conquistare quei nuovi orizzonti che si sono immaginati. Dopo aver abbandonato i vecchi schemi mentali, risultato della prigione mentale costruita volutamente per lei dal N., è necessario essere in grado di vivere con consapevolezza il cambiamento, assumendo la responsabilità di una scelta che la porterà verso una vita senz'altro più felice, in quanto immaginata e desiderata senza la volontà imposta da chi non è capace a relazionarsi in maniera affettiva, ma solo con intenti egoistici. L'aver affrontato anche i lati oscuri che si nascondono nella propria mente e aver ripreso il dialogo con sé stessi: sono queste le due operazioni che fanno sì che si riesca ad abbandonare i vecchi schemi mentali, il passato pieno di dolore, e anche le dipendenze affettive, con il risultato di poter veramente immaginare e creare **un futuro migliore e consapevole**. Lo scoglio difficile da superare non è però quello di cancellare la paura per raggiungere una sicurezza, ma quello che punta a **saper affrontare anche la mancanza del senso di sicurezza**, considerando la paura della vita come elemento presente e gestibile grazie al lavoro di introspezione e di rielaborazione.

Questa *paura di abbandonare una relazione* -anche se tossica, anche se è stata fonte di grande sofferenza- è realmente presente ed è anche difficile da superare perché, per la vittima, il N. ha creato col tempo una ragnatela di relazioni negative ma anche positive, da cui la Vittima non si stacca facilmente. Perché un rapporto tossico come questo può anche essere visto come una *comfort zone* dove i ricordi belli (ricordiamoci il Love Bombing) remano contro il sano desiderio della Vittima di liberarsi dalla relazione. Razionalmente, vorrebbe abbandonare il rapporto ma, per farlo, deve lottare contro i sentimenti e i ricordi.

Anche per questa ragione è necessario un lavoro introspettivo da parte della Vittima: un processo personale, per fare i conti con la paura di affrontare e chiudere un rapporto affettivo a senso unico, dove chi dà affetto perde in partenza. La stessa natura del rapporto ha portato poi la Vittima a ***rimuovere i ricordi più dolorosi, per cui si crogiola con quelli più rassicuranti.*** Il lavoro di autocoscienza deve invece aiutarla a far riemergere i ricordi omessi e nascosti, per raggiungere quella verità con cui dovrà fare i conti. Per questo *dovrà fare i conti con un lavoro introspettivo anche doloroso*, ma questo dolore è il prezzo per recuperare la propria vita e la propria serenità.

L'alternativa:

Verrebbe da considerare il caso in cui si affronta un *tentativo estremo di recuperare il Narcisista patologico come persona*, visto che parliamo pur sempre di un soggetto che vive una patologia. D'altronde l'avevamo scritto all'inizio: *anche quello che viene chiamato Narcisista è un paziente*, per un uno psicologo, e anche lui rappresenta una persona sofferente e bisognosa di aiuto. Così, *nel caso piuttosto raro di un successo*, potremo parlare di un paziente guarito e di una personalità non più patologica.

Ma questa rimane una via altrettanto difficile, e ancor più rischiosa. Lo è anche rispetto al liberarsi del N. tramite un abbandono definitivo, per quanto questo possa essere doloroso per una partner, nonostante tutto innamorata e dipendente dal punto di vista affettivo.

Ma, in questo caso, cioè nel tentativo di recuperare il N., l'alternativa prevede che la partner **decida di continuare il rapporto con il N, nella speranza di cambiarlo**, grazie al proprio amore e la propria dedizione: una speranza, a dire il vero, impossibile.

Senza l'aiuto di una terapia psicologica da parte di un professionista, la speranza di un cambiamento è vana. E, l'ostacolo più grande, a questo punto, è rappresentato proprio dal N. stesso, che non riconoscendo davanti ad altri il suo malessere (pur sapendo bene di soffrire), *non vorrà mai sottoporsi a nessuna visita per la patologia di cui effettivamente soffre.* Altra considerazione da fare su questo argomento è quella che riguarda la **difficoltà che incontra il professionista** stesso (psicologo, psicoterapeuta, psichiatra) con questo genere di pazienti, una volta portati in terapia. La loro mancanza di empatia, come di povertà di emozioni e sentimenti, rende difficile l'opera del professionista; in effetti, le percentuali di guarigione dal Narcisismo Patologico sono bassissime, proprio perché, quei pochissimi che intraprendono una qualche forma di terapia si rivelano comunque come refrattari all'indagine e alla cura.

Le difficoltà partono proprio dal non poter entrare in sintonia con una personalità che reagisce con una serie di negatività tipiche del profilo all'azione del terapeuta. Il N. magari accetta di intraprendere il percorso, ma frappone tra sé e chi gli sta di fronte una serie di ostacoli, come i tentativi di manipolazione (nei confronti del terapeuta e della terapia), la sua cattiva comprensione dei sentimenti per la sua minima capacità empatica, la sua *paura nei confronti del cambiamento, ma anche di rivelare il suo io reale e di vivere un abbandono.* Non ultimo tra questi ostacoli potrebbe essere la mancanza di transfer, ovvero quel processo che coinvolge la proiezione di sentimenti, stati d'animo e desideri, dal paziente al terapeuta. Esistono però altre casistiche dove si presenta **l'eventualità**

che il N. intraprenda un processo terapeutico, per ragioni che andremo poi ad elencare, e che potranno essere frutto di una sua scelta personale, ovvero senza che il partner sia intervenuto in qualche modo:

Sufficiente grado di consapevolezza: la consapevolezza della patologia non si fonda sulla minore o maggiore gravità del disturbo e, quando viene riscontrata, questa non genera, necessariamente, nel N., la conseguenza di voler intraprendere un processo terapeutico. Può essere infatti che il N. conosca perfettamente il suo stato, ma non abbia nessun desiderio di richiedere un aiuto, vuoi *perché ha paura di rivelarsi così agli altri o perché non vuole per nessuna ragione il cambiamento*. Quindi, in questo caso, non accetta in alcun modo il trattamento.

Fallimento: è il caso di quando il N. vede fallire quella sua struttura difensiva che ha così ben funzionato in passato, mentre ora percepisce la sua *autostima grandiosa, quella che si è inventata, a rischio di crollo*. Non si sente più protetto nei confronti dell'angoscia e cerca un aiuto esterno. Sembra abbastanza paradossale, ma è un caso dove il paziente chiede che la sua patologia venga sostenuta e, in qualche modo, anche rafforzata, per ritornare a *funzionare* come prima.

Relazioni non soddisfacenti: si accorge di non ottenere sufficiente soddisfazione dalle relazioni che vive, oppure quando si presenta il caso in cui ha perso una particolare relazione, a cui dava un'importanza superiore alle altre. Questa relazione, che reputa tanto importante, potrebbe essere tale perché frutto di un rifiuto da parte della preda, che non si è concessa, diventando, per questa ragione, per lui una vera ossessione.

Poca ammirazione: sente calare l'ammirazione che gli altri avevano per lui, sente di *non essere più ai livelli che a lui soddisfacevano* e che nutrivano così bene i livelli della sua autostima. I motivi potrebbero essere ricercati in un eccesso di aggressività o di egocentrismo. Forse ha registrato qualche giudizio da parte degli altri e vorrebbe rimediare.
Potrebbe anche essere una questione relativa all'età: non sente più di trasmettere quel fascino che, fino a pochi anni prima, gli consentiva di avere molte relazioni, che gli permettevano di nutrire la sua autostima, ora più che mai in pericolo.

Manipolazione: quando richiede l'intervento dello psicologo solo per manipolare gli altri, in primis la Vittima. Si può considerare una recita a tutti gli effetti, nella quale *fingerà un interesse in una guarigione in cui non crede né tantomeno spera*. Intraprendere la terapia potrebbe essere, per lui, una strategia per riallacciare una relazione importante, facendosi vedere dalla sua partner così (fintamente) ben disposto e ligio alle richieste del terapeuta.

Pressioni esterne: talvolta il N. può essere spinto in maniera coercitiva a intraprendere un percorso terapeutico. Succede nei *casi in cui il N. ha commesso atti gravi che possono anche far parte dell'ambito penale*. Ricordiamoci che alcuni tipi di questa patologia possono veramente essere pericolosi e nocivi, come i N. Maligni, i N. Antisociali (solitamente compresi tra i primi) e anche qualche caso più grave di N.

Covert. Queste tipologie non sono esenti dal praticare violenza, come spesso leggiamo in alcuni resoconti di cronaca nera, arrivando anche all'omicidio.

Capitolo VII

Trasformare l'esperienza avuta con un Narcisista in un vantaggio.

Nei due capitoli precedenti abbiamo trattato della possibilità, da parte della vittima, di agire nei confronti del N., usando comportamenti che prima tendono a proteggere sé stessa e poi risultano utili a liberarla da un rapporto tossico.

In questo capitolo parleremo invece di come, conclusa la relazione una volta per tutte, la vittima possa evitare di ricordarla come un periodo doloroso della sua vita, ma come *un'esperienza, sì dura e difficile, eppure in grado di portarla verso una crescita, facendole guadagnare una migliore consapevolezza e una migliore autostima.*

Prima però di parlare di questo processo, partiamo dal *momento in cui il Narcisista comincia la sua ricerca della preda*, di quella donna (ricordiamo che, comunque, uomo, donna, etero o omosessuale, pur con lievi distinguo, per tutti i generi, le dinamiche si dimostrano praticamente le stesse) che diventerà la sua vittima.

Abbiamo visto in precedenza, che il N. -di qualsiasi tipologia- la sceglie con alcune *caratteristiche base, fisiche e psicologiche.* Cerca la donna bella, o attraente fisicamente, almeno per i suoi gusti, che pensa sia capace di farlo ben figurare in pubblico, perché il suo amor proprio e il suo prestigio se ne possano avvantaggiare.

Abbiamo già visto come il N. Covert si mostra con ancora più aspettative, a riguardo, nel senso che aspira a una donna attraente, matura, indipendente, più ricca e di un livello sociale più alto rispetto al suo.

Da vittima a persona consapevole:

Naturalmente, anche dal punto di vista psicologico e caratteriale, la vittima deve essere adatta agli scopi del N. e mostrarsi *rispondente alle sue alte aspettative*: perché non è vero che sia spinto a cercare solo delle persone con dipendenza emotiva. Vedremo, infatti, che in qualche modo è anche così, però lui si spinge, *in primis*, alla ricerca di persone con buone, anzi ottime, qualità, per ricavarne dei vantaggi per lui essenziali. La possibile preda deve mostrarsi a lui molto empatica, caparbia nel mantenere i sentimenti e con la tendenza a idealizzarli. In molti casi, per meglio riuscire nella conquista della preda, decide di rivolgersi a queste persone così ambite, *proprio nel momento in cui stanno attraversando un periodo difficile*, doloroso, tale da metterle in uno stato di momentanea grande vulnerabilità. È molto attento ad accorgersi della presenza di situazioni di questo genere ed è un abile approfittatore. Quindi, con grande attenzione, riesce a cogliere, con le difese abbassate e nel momento adatto, persone che, altrimenti, non sarebbe riuscito ad affascinare.

Da buon *vampiro sentimentale*, egli cala come dall'alto, per approfittare di quei momenti e di quegli stati emotivi, cercando conferma in certe particolari caratteristiche caratteriali che ha intuito nella preda, proprio quelle che lo fanno propendere per quel particolare tipo di vittima e, trovatele, si appropria delle sue emozioni.

Quindi le prede spaziano dalle donne belle, ricche, colte, vincenti sotto il profilo sociale e/o professionale, quelle che provocano ammirazione e invidia da parte degli altri, quelle che, con la semplice presenza, accrescono a dismisura l'autostima dei N. (e soprattutto dei Covert), alle donne di grande empatia, gentili con il prossimo, con il desiderio di aiutare gli altri. Queste ultime sono prede, nello stesso tempo, facili e comunque molto ambite dal N.: con loro, lui instaura rapporti che lo porteranno ad *avvantaggiarsi proprio delle ricche emozioni* (di cui ha bisogno, perché lui non le prova), sfruttando poi a suo vantaggio il loro soverchiante sentimento, la buona disposizione d'animo, la loro capacità di prendersi cura dell'altro.

Si approfitterà anche di quelle che tra loro mostrano *segnali appena percettibili* (riesce a leggerli perché, pur non avendo empatia affettiva, possiede un'ottima *empatia cognitiva*) *di dipendenza emotiva, di bassa autostima, di tendenza a idealizzare persone.* Anche in questo caso, il N. agisce veramente in modo sicuro. Il successo, infatti, con vittime caratterizzate da questi tratti psicologici, è quasi scontato, visto che egli può contare su una grande presa proprio su questo tipo di personalità. Agisce puntando su questo suo particolare tipo di appeal, riuscendo ad ingannare, per più volte, le donne che ha sedotto, svalutato e abbandonato. *Questo fascino è una delle ragioni della riuscita del N. durante i tentativi di riappacificazione,* dopo l'abbandono da lui stesso fatto. La vittima, infatti, il più delle volte, lo riaccoglie, come se le denigrazioni, le bugie, le violenze di diverso tipo, non fossero mai successe.

Queste Vittime, abbiamo visto, sono rappresentate da persone di diverso tipo, ma *accomunate dal loro essere tutte empatiche e capaci di elargire con generosità quell'affetto di cui è incapace il N.*; alla fine del loro rapporto, queste persone, che hanno coperto il ruolo di vittima per tanto tempo, *dovranno puntare a sentirsi migliori e più forti,* partendo dall'essere consce di aver vissuto un periodo duro, durissimo talvolta, ma in grado di servire come un processo di crescita personale.

Da disgrazia a occasione:

In questo libro, abbiamo ripetuto più volte come sia difficile la relazione vissuta con un Narcisista Patologico e come la maggior parte degli psicoterapeuti consigli senza troppe riserve di troncare quanto prima il rapporto. Questo perché, si dice, il **N. Patologico non ha la volontà di cambiare, non riconoscendo la sua stessa sofferenza**, o almeno non così tanto da richiedere l'aiuto da parte di chi potrebbe migliorare la sua situazione. In effetti, la maggioranza dei casi in cui un N. decide di sottoporsi ad una terapia sono quelli imposti da una coercizione (come da parte di un magistrato) oppure non è altro che un suo volere, ma dettato da subdoli intenti manipolatori, prefigurandosi, sostanzialmente, un'ennesima recita da parte sua a danno della vittima. *Solo nei casi di sufficiente consapevolezza da parte del narcisista, è possibile avere, nella terapia, maggiori probabilità di successo*; ma, in questi casi, è molto difficile darsi una guida, proprio perché sono personalità varie e complesse, dove *la consapevolezza del loro stato non è legato necessariamente ad una minore gravità della patologia.* Ci sono autori che mettono in evidenza un aspetto diverso, ritenendo quella delle persone che hanno avuto una relazione con un N. Patologico (non solo delle *Vittime* a tutti gli effetti) come **un'esperienza *non per forza negativa*.** Questo perché, nonostante le difficoltà e le sofferenze riscontrate, la vittima può ricavare comunque dei *vantaggi esperienziali.*

Più semplicemente, proprio il vivere un'esperienza così emotivamente difficile può portare ad **una maggiore autocoscienza** da parte della partner, dato che sono proprio i coinvolgimenti emotivi molto forti a scatenare e a rivelare i contenuti inconsci. *È dunque il dolore di una relazione tossica a* *poter fare emergere ciò che è percepito poco, perché si nasconde nel profondo*, e a svelare molto, relativamente al sé. Più la relazione (in questo caso col N.) si è mostrata problematica, più questo processo viene favorito, portando così la vittima all'**autoconsapevolezza**. Il raggiungimento di questa maggiore consapevolezza porta, poi, a guadagnarsi **il coraggio di *fantasticare in modo creativo*** dando un indirizzo e degli obiettivi al futuro e quindi a cercare il coraggio, persino quello di rompere una relazione di dipendenza affettiva così forte come quella avuta con il N.

Un atteggiamento nuovo, alternativo alla rottura del rapporto, potrebbe essere anche quello di *vivere istante per istante* la relazione col N., *cessando la condizione di Vittima e ribaltando l'atteggiamento fino ad allora tenuto*, all'interno della coppia; ma questa alternativa, per chi decide di prenderla, rappresenta una **decisione ancora più difficile** da mettere in pratica dell'abbandono, perché espone la partner a nuove insidie da parte del N. Il rischio è quello di protrarre la confusione e il dolore di un rapporto a senso unico, fino a conseguenza più pesanti, sempre a carico della Vittima.

Costruirsi un'eredità positiva di una relazione tossica:
Un'esperienza dura: "come essere reduce di una guerra", si è sentito dire da chi è stato vittima di una relazione tossica di questi tipi. In effetti, chi diventa vittima di un Narcisista mostra, talvolta, proprio gli stessi sintomi dei soldati colpiti dal **Disturbo da Stress Post-traumatico** (o PTSD) riscontrato in individui protagonisti di scontri bellici, in seguito di uno o più eventi particolarmente tragici.
Ma proprio come per tutti quelli che hanno vissuto esperienze molto traumatiche, se la Vittima del Narcisista

Patologico riesce a svolgere un coraggioso lavoro introspettivo, magari, con l'aiuto di un terapeuta, si accorgerà presto come qualche elemento di crescita sia effettivamente maturato.

Il più delle volte, si tratta di *elementi di crescita importanti*, nati da una dolorosa esperienza che ha messo a dura prova il proprio equilibrio e la propria forza mentale. Gli attacchi dovuti alle manipolazioni, alla violenza verbale (ed anche fisica), alle bugie, possono aver sviluppato una maggiore forza, una resilienza in grado di affrontare con più discernimento il futuro. *In questo modo si apprendono, per via esperienziale e poi per riflessione, i segnali di avvertimento, le migliori modalità per interagire e difendersi da chi è mosso dalla volontà di fare del male, per identificare con sicurezza chi pensa con modalità egoiste.* Sono dunque esperienze che aiuteranno ad **affrontare, o bloccare sul nascere, un qualsiasi rapporto tossico che potrebbe nuovamente presentarsi in futuro**, magari nascosto da un'apparenza migliore del precedente.

Ripensare al passato di quel rapporto, cercare di capire come si è cadute in una trappola affettiva è importante: consiste in un **lavoro di autocoscienza** da svolgere per iniziare a comprendere, dagli inizi, *come tutto ciò è potuto accadere, fino a considerare l'intera vicenda, le proprie reazioni e le proprie debolezze* su cui ha fatto breccia il narcisista. La Vittima, fresca della rottura del rapporto con il N., deve fare bene i conti su sé stessa e indagare, sì sulle sue debolezze, ma anche sulle sue caratteristiche positive, perché empatia, propensione al sentimento, generosità, capacità di ascolto sono tutte buone qualità personali e l'empatia è considerata addirittura una competenza emotiva, a tutti gli effetti. Deve essere sì conscia che sono proprio queste qualità che la rendono particolarmente seducente per un N., ma, se queste prestano il fianco all'azione del predatore di sentimenti per eccellenza, *sono comunque doti che aiutano a vivere più pienamente la vita*, nel momento in cui la Vittima deciderà di riprendere in mano il suo destino.

Se questo lavoro di introspezione è svolto bene, si raggiunge *un grado di consapevolezza che dona una nuova forza e delle migliori competenze emotive, che aiutano a superare gli ostacoli della chiusura della relazione*. Aiutano anche ad affrontare quelle reazioni che tutte le Vittime sentiranno espresse da amici, colleghi e familiari, che, forti del loro punto di vista esterno, l'avevano messa in guardia, da tempo, contro i pericoli di quella persona così dannosa nei suoi confronti.

Si pensi anche al **silenzio** e alla **solitudine**, vissuti da chi si trova da sola con sé stessa, dopo aver troncato un rapporto di questo genere. La situazione dolorosa, le tante angherie subite, a volte non bastano per considerare positivamente il nuovo stato; la Vittima tende a non sentirlo come una vera liberazione. *Chi è stata Vittima ricorda, suo malgrado, i momenti positivi, l'affetto (simulato) e le attenzioni continue mostrate dal N. durante il Love Bombing.* Come se non bastasse, una persona empatica e buona cova sempre la speranza che la sua dedizione e il suo affetto incondizionato siano in grado di cambiare chi è stato il suo aguzzino. Ma sono speranze a tutti gli effetti vane, che il non facile lavoro di autocoscienza e introspezione deve poter rivelare come fantasie fuorvianti e pericolose.

Non è mai un percorso facile, né veloce, e non sempre si riesce a farlo senza chiedere aiuto, come può essere quello competente di un professionista.

Dunque, *è importante costruirsi una maggior autoconsapevolezza, come anche la capacità di riuscire a comprendere*, dopo le tragiche esperienze fatte, se effettivamente si sia realmente di fronte a una personalità patologica narcisistica, nel malaugurato caso che una situazione del genere si ripresenti.

Questo lavoro di introspezione e di autocoscienza serve per costruirsi delle difese, che -soprattutto- una persona empatica dovrebbe allertare per tutelarsi dal ricadere nella trappola di una relazione tossica, nel presente e nel futuro.

Ma diventa ancor di più fondamentale, possedere la forza di *mantenere un atteggiamento di* **fiducia** *-non facile dopo tutto quello che si è passato-* **nei confronti delle persone e del mondo,** per potere avere una prospettiva di vita, affettiva e generale, finalmente sana, libera da situazioni tossiche come quella appena vissuta. Per avere la forza, la creatività per immaginarsi un futuro affettivo e relazionale migliore.

Imparare dunque che, all'inizio di una relazione sentimentale, *l'esplosione di sentimenti di una persona, dopo pochi giorni dall'incontro -se non addirittura ore- difficilmente rappresenta l'amore della vita,* semmai una reazione esagerata da considerare come un campanello d'allarme. Fermarsi a valutare, per cercare di capire cosa mai si nasconda dietro quell'entusiasmo sopra le righe, aiuta a evitare mesi, se non anni, di dolori e patimenti. Perciò, quell'esperienza dolorosa avuta in passato non rende più vulnerabili, ma più attenti e responsabili. I patimenti e le angherie, le umiliazioni e la confusione, possono anche dar vita a una forza e una autocoscienza mai prima possedute, per vivere pienamente un futuro sentimentale e relazionale.

A questo punto del libro, sembra utile accennare a qualche caso, per mostrare come, nella realtà, si trovino situazioni vissute non così semplici da individuare e catalogare. Molte volte la narrazione delle vittime è poco chiara, oppure sembra essere edulcorata o peggiorata -rispetto alle situazioni che sono state accertate come reali- a seconda della elaborazione che loro hanno fatto del vissuto. Per questo, per il terapeuta è importante stabilire, con buona probabilità, la verità più probabile delle cose con una attenta indagine psicologica, per poter risolvere le varie problematiche della Vittima e -quando è possibile- del Narcisista Patologico.

Casistiche di Narcisista Patologico:
Nelle pagine seguenti, proponiamo qualche esempio di relazione narcisistica, dove si possa intravedere la varietà dei meccanismi riscontrati e le non rare difficoltà nel farli aderire ai modelli finora esposti. Il più delle volte, si nota che la personalità analizzata mostra *elementi comuni a due o tre modelli di personalità narcisistica contemporaneamente* e, molto più raramente, risultano addirittura presenti elementi comuni a *personalità borderline o bipolari*. Questo perché si tratta, come già detto, di personalità molto complesse, con caratteristiche legate alla persona, sempre molto particolari. Ciò che invece rimane invariata è la ciclicità dei loro comportamenti individuali, per cui il N. mostra (quasi sempre) lo stesso schema che ha elaborato col tempo.

Una considerazione ancora da fare, prima di esporre qualche esempio, è che talvolta *le narrazioni delle Vittime sembrano arrivare alla diagnosi della presunta patologia prima ancora del terapeuta…* In questa analisi "fai da te", vengono chiamati Narcisisti, anche persone con altre forme di disturbo psicologico (appunto borderline o bipolari, che effettivamente presentano caratteristiche simili) oppure persone con caratteristiche narcisistiche, che però non arrivano a un livello patologico. Quindi sarebbe il caso di seguire una logica, nel caso si voglia sapere di più sull'argomento del Narcisismo, perché magari vittime di una relazione difficile o semplicemente per curiosità intellettuale. Quando si esplorano siti web o canali social relativi a questo tema, sarebbe meglio avere **l'accortezza di verificare chi espone, come anche i suoi titoli e le finalità della divulgazione**. Altrimenti si rischia di ottenere una serie di informazioni fuorvianti, dove la dura realtà di queste forme patologiche viene minimizzata oppure male interpretata.

Veniamo agli esempi:

Narcisista Overt carismatico: questo è un caso piuttosto classico di N. Overt, riguardante una persona, che svolge una professione particolarmente adatta a ricevere conferme per la propria autostima… infatti, B. è un regista teatrale, una persona brillante, colta, con una capacità dialettica molto sviluppata. A prima vista, B. sembrerebbe una persona molto empatica, ma la sua è una empatia assolutamente cognitiva, ottimamente indirizzata a capire e intendere la persona che è davanti a lui, tanto che è capace di farsi sempre un ritratto emotivo molto dettagliato delle persone che conosce, costruendo una buona presa con tutti. Incontra O., una donna di trentacinque anni, quindi di dieci anni meno di lui, brillante, empatica e molto affascinante. La vede durante una festa, ma la situazione è caotica e la perde subito di vista. La rintraccia tramite i social e, attivando le amicizie in comune, riesce a incontrarla e a conoscerla, facendosi presentare da una sua amica che fa le lodi di lui alla donna.

B. inizia un Love Bombing in piena regola, in concomitanza di una grave difficoltà lavorativa di O. e approfitta dunque di una debolezza della giovane donna per entrare subito e su più livelli (affettivo, economico, organizzativo) nel suo mondo. Il Love Bombing è veramente ad alti livelli e si protrae per circa due mesi: una lunga luna di miele vissuta nel suo bell'appartamento romano, con lei piuttosto frastornata da quelle che lei crede continue manifestazioni di affetto. Lei è tanto frastornata da quell'esagerazione di attenzioni che non riesce a rimanere del tutto affascinata da questo suo nuovo fidanzato; il suo istinto la tiene in allerta.

Intanto, B., a differenza della maggioranza dei N., non sembra mettere divieti a O. riguardo le sue precedenti amicizie, semmai cerca astutamente di sostituirle con le proprie e cerca di allontanarla molto gradualmente anche dalla cerchia familiare, dai genitori e dai fratelli, più con scuse che con divieti. Non è certo un'azione di forza, perché si muove con molto tatto.

Per contro, B., dopo solo altri due mesi, annuncia -di punto in bianco- di volerla sposare ed elabora grandissimi progetti, meravigliando molto la sua compagna. O. è lusingata della proposta, ma fiuta ancora qualcosa che la inquieta e a questo punto, nonostante fino ad allora avesse avuto solo belle quanto esagerate attenzioni, prova a contattare una sua amica psicologa, che la ascolta con attenzione e capisce subito la situazione, mettendola in guardia sul fatto che, queste esternazioni eccessive, le grandiosità dei progetti, il precorrere i tempi di un normale rapporto, sembrano dipingere una personalità narcisistica. Non ci sono ragioni per ritenerla patologica, ma altri elementi comportamentali che la psicologa chiede a O. sembrano, con buone probabilità, confermarne il quadro.

B. ha confidato fin da subito di aver avuto diverse relazioni "importanti" nel suo passato, tra cui un matrimonio finito presto in un divorzio. A detta sua, le colpe di tutte queste rotture non sono mai state sue, sono state le sue ex, tutte "delle pazze", tutte quante.

Quindi, grazie anche ai consigli della sua amica, O. resta in guardia e non si meraviglia troppo che, dopo aver dato l'annuncio con grande enfasi della sua intenzione di matrimonio ad amici e parenti, dopo solo qualche decina di giorni, B. cambi totalmente umore, facendosi scostante e iniziando ad accusarla per ogni cosa, del suo passato, delle cose che fa, dei rapporti amicali e familiari. Le contesta atteggiamenti, come veste, i gusti in fatto di cucina e su come fa l'amore, mentre prima diceva l'esatto contrario, esaltandola su tutto….

O. si sente preparata a ciò che le stava succedendo, grazie agli avvertimenti dell'amica psicologa, per cui, previdentemente, dopo un'altra settimana di suoi comportamenti critici e scostanti, è lei che comincia a eclissarsi, assentandosi per due giorni con una scusa sulla salute dei suoi. Quando ritorna a casa, lui è sparito senza lasciare alcun messaggio.

La donna si fa forza: era preparata, ma le fa comunque male una situazione del genere. Fa, dunque, le valigie e si trasferisce a casa di un'amica, nel mentre già prepara una sistemazione più stabile in un piccolo appartamento in affitto. Nel frattempo, amici comuni le confermano quello che aveva intuito guardando sui social, dove lui era molto attivo: B. aveva una relazione con un'altra donna, molto bella e ancor più giovane di O.

Quindi, B., per circa un mese, non si fa vivo, fino a quando un giorno telefona ad O., come se niente fosse successo, molto allegro e pieno di buone intenzioni. Le dice di ricordarsi dei bei tempi, delle belle cose vissute insieme (indicativo che non parli mai delle sue emozioni…), mentre O. risponde per monosillabi (con la tecnica da poco appresa del Grey Rock) e gli dice che è molto impegnata, dopodiché interrompe bruscamente la comunicazione.

Questo è un raro esempio di una relazione narcisistica, dove un Love Bombing ha avuto un seguito di denigrazione troncato quasi sul nascere dalla Vittima, già preparata, sia alla meccanica degli eventi, che -questo ancora più raro nelle casistiche- dal punto di vista psicologico.

Grazie a questa preparazione preventiva, Vittima, O. lo è stata per pochissimo tempo, non risentendo troppo delle angherie a cui solitamente sono esposte le prede di un N., dal momento in cui il rapporto comincia ad assumere connotazioni negative.

Questo caso -fortunato per le poche conseguenze negative della Vittima- fa pensare alla buona utilità di un'educazione e di un'informazione su questi temi, soprattutto da parte di persone molto empatiche, che risultano essere più esposte al pericolo di relazioni tossiche.

Narcisista Covert: *C. incontra M. dopo quindici anni. I due si erano conosciuti quando ancora erano molto giovani e immaturi. Per entrambi era stata una cotta, più che una vera relazione, ma, in fondo, C. era allora una ragazza di diciassette anni e lui un giovanotto di ventuno. Quando si rivedono, dopo tutti quegli anni, lei rimane molto affascinata: lo trova compito, riflessivo, gentile, più timido di come se lo ricordava. È lei che lo cerca, che gli telefona più volte. Cominciano ad uscire insieme e dopo pochi giorni lei sente già qualcosa per lui: nostalgia della prima gioventù, di una cotta mai sopita, non se lo sa spiegare. Eppure, C. è reduce da una relazione troncata da poco ed è ancora sofferente, tanto da essersi messa in aspettativa con il lavoro, per riprendersi. M. le sta vicino: sa ascoltarla, la conforta, sembra che faccia di tutto per risollevarle il morale. In neanche un mese lei si sente innamorata, ha ripreso a lavorare come responsabile commerciale nella piccola azienda di famiglia, ha come scordato il dolore e il rimpianto per il vecchio amore, è convinta di aver trovato addirittura l'uomo dei suoi sogni. Oltre che gentile, M. sembra saper anticipare tutti i suoi desideri, le è sempre accanto, premuroso e compito.*

Si mettono dunque insieme e C. ricorda il primo periodo come molto bello.

M è venuto ad abitare da lei, che ha una casa più grande e comoda in centro città. Lui, in quei primi giorni di convivenza, fa mille castelli in aria, mille progetti di lavoro -lui è comunque un insegnante, anche se non ancora di ruolo- di viaggi e di altre cose da fare insieme. Passa però qualche mese e lui invece si rivela schivo con tutti e poco propenso ad uscire di casa: parla male degli amici e della famiglia di lei e dà i primi segni di una opprimente gelosia. Non vuole che lei esca, che si vesta come lei vorrebbe e neanche che vada in giro da sola o con le amiche, anche con quelle che anche lui conosce. Con l'inizio di questi atteggiamenti, M. si mostra anche meno preso da lei sessualmente, anzi, la rifiuta spesso e si comporta in modo spesso sgarbato, restando silenzioso per giorni. C. comincia a colpevolizzarsi su cose che avrebbe fatto contro di lui senza accorgersene, cerca di parlare per risolvere quello che lei sente come un disagio, ma lui è aggressivo e offensivo, per cui C. inizia ad evitare il confronto. Lui la offende quando lei lo cerca a letto, le dice che "non pensa che a quello" che "è poco di meno che una sgualdrina". Questa è la situazione normale, interrotta da sporadici e periodici momenti di Love Bombing, molto meno intensi rispetto al primo periodo della relazione. C. si aggrappa però a questi periodi di breve intimità, che non fanno che allungare la sua infelice situazione. M. comincia a denigrarla ogni giorno di più, parla spesso di sue colleghe che sono più brillanti e carine di lei. Sembra che sottintenda ad una relazione, anche se C. non sembra sicura che esista davvero.

Le poche volte che escono, lo fanno con il circolo ristretto degli amici di lui, con cui dice di sentirsi bene, anche se, neanche con loro, si mostra visibilmente perfettamente tranquillo e a suo agio, restando sempre con una punta di stizza e malcontento, persino nelle situazioni che dovrebbero piacergli. Lei capisce di essere anche ammirata, ma soprattutto compatita dal gruppo di amiche e amici di lui, e soffre molto non tanto per questo, ma perché lui la tratta con palese sufficienza, anche e soprattutto quando è in loro compagnia.

Passano in questo modo due anni, dove lui approfitta di lei economicamente, scaricando su di lei ogni responsabilità della gestione della casa, e tenendola sempre sul filo del rasoio per il suo affetto, che le concede a fasi alterne, mostrandosi però quasi crudele durante l'intimità.

Lei, come conseguenza di tutto questa situazione incerta, si trova sempre più dipendente dal punto di vista affettivo: segue le sue regole astruse, si ritrova spesso a piangere e, quando lui la scopre in lacrime la offende, anche pesantemente.

C. comincia ad avere ripercussioni sul lavoro, mentre, per colpa di M. ha contrasti in famiglia (che è ben conscia della sofferenza di lei) e inizia a sentire i primi sintomi di una depressione, fino al giorno in cui scopre, sul cellulare di lui, del tutto casualmente, un messaggio di un'altra donna, piuttosto esplicito. C. riesce a mettersi in contatto con questa ragazza e viene a sapere da lei che M. racconta di essere ormai alla fine di un rapporto profondamente in crisi e che lei dà segni di squilibrio, che non si amano più ormai da tempo, etc.

C. lo affronta, finalmente, dicendogli in faccia quello che ha saputo, lo fa in presenza di un suo fratello però, perché ha paura delle sue reazioni. M, infatti, sentendosi scoperto, va in escandescenze, fino a quando il fratello di lei lo prende di peso e lo butta fuori di casa senza tanti complimenti.

La cosa non finisce lì, perché lui torna alla carica diverse volte, la importuna per la via, la tempesta di telefonate e messaggi, arrivando anche a minacciarla fisicamente, tanto che C. è costretta a nascondersi a casa dei suoi, fino a quando, spinta dalla famiglia, trova il coraggio di sporgere denuncia. Le reazioni dell'uomo e lo stalking continuo provano moltissimo C. che in quel periodo soffre di una vera depressione. C. resta in terapia psicologica per circa un anno e mezzo, prima di riprendere una vita piano piano sempre più normale.

Casistiche di Narcisista Patologica Donna:

Ecco invece due esempi di N. Donna, che illustrano due tipi di personalità narcisistica. Si può accennare al fatto che il profilo narcisista più tipico per le donne è quello di N. Covert, perché la figura della donna è sempre stata legata alla cultura dell'introspezione e della cura, per cui, per via di questo retaggio sociale e culturale, la N. Donna sembra adattarsi meglio a questo profilo. Un'immagine, questa, che, nonostante l'effettivo basso livello di empatia ed emozioni, esattamente come per l'uomo, rimanda alla figura più timida e sentimentale tra le varie narcisistiche. Ciò non vuol dire che la N. Donna non presenti altre diverse tipologie nelle casistiche.

Una N. molto seduttiva: in questo caso, si parla di L., una figura femminile ambivalente, perché forte e affascinante, ma nello stesso tempo anche timida, fintamente empatica e manipolatrice, tanto che, per queste sue caratteristiche, potrebbe essere considerata sia Overt ma anche Covert.

L. vive un rapporto di convivenza per ben sei anni con M. (di buona cultura e sensibilità) il quale, nonostante alcune stranezze riscontrate in lei -come il comportamento diverso tenuto in casa rispetto a quello mostrato in società- vive il rapporto di quegli anni piuttosto serenamente. M. è molto affascinato da lei e ne ha una buona stima, essendo una donna capace sia sul lavoro che in famiglia. Il comportamento narcisista di lei si palesa in effetti piuttosto tardi, quando cioè lei propone al compagno di sposarla. Il matrimonio è effettivamente, in molti casi, un elemento scatenante.

Da questo momento L., oltre ad acuire la sua già poca affettività, sembra diventare sempre più irritabile, e rivela a M. l'inizio di un rapporto con un altro uomo. La coppia entra in crisi, ma la relazione comunque resiste, continuando con alti e bassi, fino a quando lei annuncia che sta aspettando un bambino.

Dunque, L. e M. si sposano, sono entrambi felici per la nascita del bambino, ma, col passare del tempo, i comportamenti di lei si fanno, gradualmente, sempre più difficili. Quando poi M. inizia ad avere problemi con il lavoro, lei avvia un'opera di svalutazione del marito su tutti i fronti. Lo denigra in continuazione e sparla alle sue spalle con le conoscenze comuni. Con queste conoscenze appare comunque sempre timida, empatica, capace di confidarsi e di farsi confidare, per poi usare le informazioni che ha raccolto contro quelle stesse persone di cui si era finta amica. Si mostra gentile quando vuole ottenere qualche vantaggio, diventando immediatamente scostante una volta ottenutolo.

Da quel periodo in avanti, L., periodicamente, prende a sparire per giorni. Allaccia probabilmente relazioni con altri uomini, accusa persone vicino al marito di scorrettezze. Compie giochi di triangolazione, mettendo M. in cattiva luce e dipingendolo in maniera sfavorevole rispetto ad altri migliori esempi con cui lo mette in competizione. L. accusa il marito, dandogli puntualmente le colpe dei comportamenti da lei tenuti, come le assenze, le spese inutili e lo sparlare in giro. Si dimostra, per la prima volta, molto attaccata al denaro. Riguardo allo sparlare, secondo quello che lei dice ad altri, il marito non lavora, è un cattivo padre, spende il denaro, non aiuta in casa e ha comportamenti aggressivi.

Il ciclo narcisista che L. compie è molto veloce e, nell'arco di due mesi denigra, scarta e ritorna, mettendo in opera il Love Bombing (ogni volta meno acceso del precedente), per poi, in pochi giorni, iniziare nuovamente con la denigrazione. Questo succede quattro volte, fino a quando M. mette sotto gli occhi di lei la prova inconfutabile, che lui ha trovato casualmente, di un suo tradimento. Sentendosi scoperta e non potendo ribattere adeguatamente, lei ha reazioni inconsulte, anche violente:

quello che si chiama un classico "Acting Out", arrivando addirittura ad alzare le mani sul marito.

Già all'epoca del secondo Love Bombing, M. si è risollevato intanto dal punto di vista economico, si è informato su Internet, quel tanto da mettersi in allarme e richiedere l'aiuto di una psicoterapeuta che, da quel momento, gli sarà a fianco per pian piano liberarsi -non senza dubbi e tentennamenti- di una relazione che è diventata gradualmente sempre più tossica.

Sotto il consiglio della terapeuta, M. applica la tecnica della Grey Rock (quindi comunicazione ridotta al minimo indispensabile), anche se non può interrompere del tutto i contatti con la moglie, per la presenza del bambino, a cui tiene moltissimo.

Nonostante la grande fascinazione che la donna ha sempre avuto su di lui, M. riesce a decidere per un rifiuto totale e ad intraprendere anche un'azione legale contro di lei.

Una giovane Overt: *questo è invece un caso più palesemente Overt di una donna molto giovane che, tra l'altro, è anche una giovanissima madre.*

S. è una ragazza che viene da una famiglia piuttosto problematica dal punto di vista relazionale; è andata via di casa a diciotto anni, arrangiandosi in modo abbastanza autonomo, con lavori sempre di breve durata, ma che le hanno permesso comunque di vivere decentemente. Ha una relazione seria che finisce molto presto ed altre ancora più brevi, ma di minore importanza.

Una sera lei incontra P., un giovane artigiano, in una discoteca. È lei che lo aggancia ed è sempre lei che lo cerca dopo qualche settimana. Si rivedono ancora qualche volta, fino a quando lei inizia a comportarsi da persona molto innamorata. I due giovani vanno a vivere insieme, a casa di lui. Nel primissimo periodo si mostra molto presa dalla relazione, con sogni grandiosi di vita insieme, con viaggi e vacanze, sempre però a carico della Vittima. Man mano che il tempo passa, S. mostra comportamenti a tratto bizzosi: sparisce per qualche giorno, ritorna raccontando le scuse più fantasiose. Quindi rimane incinta di una bambina, nonostante avesse sempre sostenuto di usare anticoncezionali. Dalla nascita della bambina, la situazione diventa più tesa, perché lei, pur avendo lasciato il lavoro, non cura né la bambina, né la casa, lasciando ad altri la piccola quando si allontana, per intere giornate. Anche in questi episodi, la giovane donna maschera la realtà con moltissime bugie, del tutto improbabili.

Comincia quindi con il classico ciclo narcisistico, con Love Bombing appassionati, durante i quali lei chiede a P. molto: regali, vestiti e denaro. Una volta fatto il pieno di ciò che desiderava, inizia immediatamente la denigrazione e poi lo scarto, non prima però di essere stata violenta, verbalmente e fisicamente. Sparisce per giorni, anche per qualche mese, non telefona neanche per chiedere della figlia. Lei è una sportiva e racconta di aver partecipato a gare fuori dalla regione: è questa la scusa più comune che usa.
Poi ritorna e P. ricasca nella trappola, riaccogliendola in casa. Alla fine dell'ultimo ciclo narcisistico, S. va via portando con sé la bambina e lasciando P. in forte depressione.

Ciò che aiuterà P. a riprendere le redini della situazione, saranno le mamme e le maestre dell'asilo frequentato dalla bambina, che avevano perfettamente intuito i reali comportamenti di S., nonostante con loro si spacciasse per vittima di un compagno violento, avaro e incapace di pensare alla famiglia.

Con il supporto morale e la spinta di queste persone, P. si affiderà ad una terapeuta per rimettersi in gioco e ad un avvocato per riavere la bambina.

P. riuscirà nei suoi scopi con grandissima fatica, lottando contro una giurisprudenza non sempre equa nei confronti dei padri (situazione piuttosto tipica) …

Due casi che fanno riferimento a due storie vissute molto dure, che hanno lasciato il segno nelle vittime e hanno creato difficoltà nei bambini coinvolti. Si noti, che le vicende e le meccaniche potrebbero essere state vissute da Personalità Narcisistiche del genere opposto: le caratterizzazioni manipolatorie non sono di pertinenza solo maschile o solo femminile, come anche la violenza verbale e fisica non è caratteristica solo del maschio narcisista. Anche le N. Donne, messe alle strette, una volta scoperto il loro gioco, reagiscono con un "Acting Out" tipico della loro specifica tipologia narcisista, piuttosto che del genere di appartenenza.

Capitolo VIII

Tornare finalmente a vivere.

Diamo per scontato che il rapporto con il N. -che ha angustiato la Vittima per un certo periodo- sia finalmente finito. Il fatto che la relazione si sia protratta per molto o poco tempo, in certi casi, non differenzia il dolore e lo stato di prostrazione, depressione e mancanza di autostima, in cui la Vittima è rimasta per tutto il periodo connesso al rapporto col Narcisista. In più, alla Vittima non rimane altro che elaborare il lutto per la perdita della relazione, altra cosa non facile, che richiede forze fisiche e psichiche.

Dopo tutte le difficoltà affrontate, durante e alla fine della relazione, la Vittima non è però più tale: ha lavorato su sé stessa allontanando il fantasma del N., e non è più Vittima, soprattutto perché è riuscita a **ricostruire la sua autostima,** *grazie all'***introspezione** *su cui si è impegnata,* **al mutato approccio mentale** *su persone e cose, e alla* **spinta creativa** *elaborata per poter immaginare una vita nuova e un diverso rapporto con gli altri.*

Avrà **fatto tesoro del brutto periodo,** *avrà imparato da quella dura esperienza, perché sono proprio quelle, le esperienze che generano forti emozioni, che formano. Soprattutto,* **non ha avuto paura ad affrontare quei ricordi,** *li ha affrontati con il coraggio che le ha dato la possibilità di capire.* **Non è più caduta nella trappola narcisistica,** *che mischia i bei momenti di grande passione che aveva scambiato al tempo per amore (i vari Love Bombing) con i momenti tristi e crudeli. Su questo alternarsi di gioia e dolore, il N. ha t* essuto la sua tela e mischiato i ricordi, manipolando quelli che sapeva essere di presa per la sua Vittima.

Ma lei, si è già detto, non è più come prima, perché **è riuscita a smascherare anche la logica del N.** *ed ora -finalmente-* **lo vede per quello che è: un mistificatore e un ladro di sentimenti.** *Nei suoi confronti sente disprezzo o, quando va bene, pena. Pensa al periodo passato col N. come un brutto sogno e non si capacita come abbia potuto cedere alle sue lusinghe e, soprattutto, come abbia potuto vivere per così tanto tempo nel dolore e nella confusione mentale.*

Il **lavoro di autocoscienza** *ha dato, a chi era Vittima,* **una nuova consapevolezza** *che l'aiuta, finalmente, a* **riconoscere chi è un predatore di sentimenti,** *chi poi potrebbe farle del male. Dopo ciò che ha vissuto, non potrà essere più presa alla sprovvista.* **Pur mantenendo la fiducia nelle persone,** *presupposto fondamentale per aprirsi al mondo e per continuare ad amare, ha però l'arma del dubbio, che allerta non appena le vengono presentate delle azioni, degli atteggiamenti che già conosce come presupposti di una relazione malsana.*

Cercare di **capire da subito,** *dunque, fin dagli primissimi inizi, ancor prima di intraprendere una nuova relazione (sentimentale, amicale e anche lavorativa) se i sentimenti e le emozioni che la persona incontrata trasmette non abbiano qualche parvenza già riscontrata, qualche eccesso che possa far pensare a un approccio di un N.*
Quella che è stata Vittima non solo **ha ora un'esperienza di vita vissuta,** *ma si è anche informata, ha letto e parlato con chi ha conoscenza del narcisismo patologico come materia di studio, sa in quanti modi può presentarsi il pericolo e sa riconoscerlo, nel caso si ripresentasse.*

**Chi ha superato una relazione tossica sa infatti che
sono proprio le sue buone qualità ad attrarre il N., i
suoi sentimenti e la sua empatia sono il nutrimento di
chi non li ha**

*Sa dunque di essere una preda ricercata, ma sa anche che ora ha molte
armi a disposizione:* **conoscenza e esperienza, una nuova
autocoscienza, sa di poter essere più forte,** *da sola, ma
anche grazie all'aiuto degli altri: amici, famiglia, persone comunque
affezionate che possono starle vicino, e, infine, un* **aiuto psicologico
da parte di un professionista,** *nel caso i dubbi e le paure
dovessero riaffiorare.*

*Avevamo accennato nelle pagine precedenti ad una considerazione
importante: quella di* **non avere timore di aver paura.** *Perché
questa è la vera essenza del coraggio, che non porta a chiudersi in sé
stessi, ma, anzi, apre al mondo, sapendo che si può affrontarlo, avendo
la coscienza di viverlo con pienezza grazie all'impegno, all'intelligenza
e ai sentimenti di cui si è capaci.*

www.ingramcontent.com/pod-product-compliance
Lightning Source LLC
Chambersburg PA
CBHW070909260726
48661CB00004B/1671